甜蜜成长

SWEET GROWTH

杨雁 著

蔡英 漫画

暨南大学出版社

JINAN UNIVERSITY PRESS

图书在版编目（CIP）数据

甜蜜成长 / 杨雁著. —广州：暨南大学出版社，2016.5
ISBN 978 - 7 - 5668 - 1800 - 3

Ⅰ. ①甜…　Ⅱ. ①杨…　Ⅲ. ①儿童教育—家庭教育　Ⅳ. ①G78

中国版本图书馆CIP数据核字（2016）第086651号

....

甜蜜成长

著　　者　杨　雁

出 版 人　徐义雄
策划编辑　崔军亚　　杜小陆
责任编辑　崔军亚
责任校对　焦　婕
出版发行　暨南大学出版社（广州暨南大学　邮编：510630）
网　　址　http：//www.jnupress.com　http：//press.jnu.edu.cn
电　　话　总编室（8620）85221601
　　　　　营销部（8620）85225284　85228291　85228292（邮购）
排　　版　广州良弓广告有限公司　广州蜜田文化传播有限公司
印　　刷　佛山市浩文彩色印刷有限公司
开　　本　787mm×1092mm　1/16
印　　张　13.75
字　　数　182千
版　　次　2016年5月第1版
印　　次　2016年5月第1次
定　　价　48.00元

（暨大版图书如有印装质量问题，请与出版社总编室联系调换）

前言
Preface

    我应该是一个天生就非常喜爱孩子的人。从小到大都喜欢跟孩子们一起玩耍，小时候我总是喜欢扮成老师，拉着隔壁的小伙伴们来听我讲课。长大后就更喜爱孩子了，因此凡是有关孩子教育、心理、成长类的书籍都成了我的最爱，家里相关类别的书可以用"堆积如山"来形容。渐渐地，在很多熟悉的朋友眼里，我俨然是一个儿童教育专家了。这些年，无论从事什么工作，我都从未放弃过儿童教育的研究和学习，生活中总是给很多有孩子的朋友传授养育孩子的各种知识，积极跟孩子们玩耍、相处、沟通，并将书本中的理论运用于实践中。孩子们跟我在一起总是很快乐，很多朋友的孩子都亲切地称呼我"雁妈妈"。

    通过跟不同孩子的互动交流，我发觉在如今这个世界上，根本没有一本教育类的书籍可以完美适用于每一个孩子，因为每一个孩子都有着属于自己独特的思想世界，都是一个独立的生命个体，他们只是在努力成长中融入了父母、老师、社会创建的小型"生态环境"，不断地产生各种"化学反应"，从而形成了影响孩子成长的决定性因素。

    无论什么知识，好像都是看书学习容易，对他人说教容易，用行动完成比较难，自己要深入其中就更难了！从自己真正做了妈妈那天起，我才知道养育孩子远远不像书本说得那么有条有理，更不像教别人那样轻松。要想当一个称职的好妈妈，就必须要经得起各种考验，包括拥有超强的耐心，顶得住来自生活中的各种压力，以及具备老老小小间的协调沟通能力等，那绝对是十八般武艺样样都得精通。

大家都说我是个非常执着和认真的人。从怀孕时的胎教到婴幼儿时期食谱的搭配，从宝贝的成长记录到每一次与孩子的谈心，从健康运动训练到旅行社交等活动的陪伴都坚持努力做好，那认真的态度和超强的耐力让大家惊叹不已。

当然，在这期间，我也曾听到过很多不同的声音，例如：

"胎教没什么用的，别浪费时间了！"

"天生我材必有用！你看小时候父母都不管我们，我们不是也照样长大了，不是也过得很好吗？"

"你养的是个男孩子，别这么细致，粗粗糙糙才是男子汉啊！"

"现在学生的命运还是靠分数决定的，你不看分数，将来考不上大学怎么办？"

"每个人都像你这样当妈妈，哪有那么多的时间啊？"

……

每一次，我都会认真听取大家的意见，不急于反驳，尊重每个人的看法，因为大家都有自己独到的见解嘛！但我仍然会继续坚持按自己的方式去做。当然，这并不是因为我认为自己的教育方式就是最好的，我只是在认真地寻找最适合我孩子的方法罢了！通过我跟孩子十二年的共同成长，我们过得非常幸福和快乐，这些就是我们最想要的。

在陪伴儿子走完他的童年时光进入少年时代之际，我写下了这本书。这不是一本专业的教育类书籍，也并不是想通过此书教大家如何教育孩子，而是在这十二年的时间里，我记录下了与儿子共同成长的点点滴滴，汇聚成了这本小小的书籍，这里面融入了我们母子间最单纯美好的爱，倾注了一个母亲的辛劳汗水，留下了女人人生中最美好的时光，感受到了世间最强大的爱的力量。这本书里完全没有心理学、教育学让人难懂的专业术语，只是用最真诚、最朴实的文字讲述我们各种丰富的经历。我非常想把这些都分享给最亲爱的朋友们，也许通过我们的小故事，可以给大家在思考如何陪伴孩子成长时一点点的启发，解开你们与孩子相处时的一些迷惑，让爱成为你们和孩子打开未来之门的心灵钥匙，而不是成为生命的枷锁。

相信我，孩子的教育，不是家长教育孩子的过程，而是我们跟孩子一起成长的幸福之路。

杨 雁

2016年3月

目录
Contents

蜜桃妈妈

甜蜜家族

蜜桃宝宝

贵宾·大吉

雪纳瑞·SUMMER

想要的未来是什么

想要的未来是什么

　　不知道大家是不是都跟我一样，内心曾经特别希望自己能拥有一个长相美丽、聪明绝顶、性格完美的天才宝宝。可是谁又料想到，当自己真正成为一位准妈妈，在准备迎接一个小生命诞生的过程中，感受到那么弱小的生命在肚子里一天天努力生长的时候，我对宝宝的期待和要求却越来越低了，直到宝宝快要降生前夕，我只是祈祷能生一个健康正常的孩子就好了！

　　每个女人人生中最幸福的日子，应该是怀孕做准妈妈时吧！在那期间，全家人以你为中心，全身心地呵护着、迁就着你，把所有好吃的有营养的都留给你，什么活动都担心累着你，工作量也大大降低，甚至停止工作。作为孕妇每天只需要吃好、喝好、睡好，好好孕育肚子里的小宝宝就是全家的功臣了。

　　我当年居住的小区是以年轻家庭为主的大型社区，在我怀孕的时候，突然间感觉周围的邻居朋友好多也都跟我一样，幸福地荣升为家里的核心人物，受保护的我们每天主要任务就是保养身体，无所事事的我每天睡醒后就跟大家聚在小区花园里，共同分享如何补充营养，一起讨论怎样养育好宝宝。可就这样才过了一周，我这个喜欢折腾的人就开始感到百无聊赖了，总想着应该做点什么有趣的事情，让自己的孕期变得更有意义，于是我开始了那令人崩溃的胎教计划。

　　07：00—08：00　起床饮用孕妇奶，花园散步
　　08：00—08：30　早餐
　　08：30—09：30　听轻音乐，静坐冥想
　　09：30—10：30　补充睡眠

10: 00—12: 00	绘画，布置婴儿房
12: 00—13: 00	午餐
13: 00—15: 00	午睡
15: 00—16: 30	弹钢琴
16: 30—18: 30	下午茶，花园散步，与朋友聊天
18: 30—19: 30	晚餐
19: 30—21: 00	散步后，回家看电视
21: 00—22: 00	洗澡，在床上给肚子里的宝宝讲故事
22: 00	唱一首摇篮曲后睡觉

　　这份详细的流程计划，我居然能每天坚持完成，并足足坚持了八个月。我在绘画时间里，慢慢画出了森林、花园和天空，画出了小动物们在森林里歌唱和舞蹈，画出了星光熠熠的夜空，可爱的小男孩坐在月亮上畅想未来。几个月后，这些图画就成为婴儿房的装饰，梦幻的童话般的婴儿房就这样被我布置得非常完美了。我每天晚上都对着自己的肚子讲故事，八个月的时间里，世界各地的童话和寓言都被我翻了个遍。我每天坚持锻炼身体，孕期还能去游泳和登山，每天回家都坚持不乘电梯，慢慢爬上五楼。就连我自己的妈妈都说，我是她见过最执着、最疯狂的孕妇。

　　很多朋友都问我："你这样的胎教到底有什么用？"我开心地回答道："我也不知道有什么用，我只是感觉我每天思考的都是美好画面，至少带给宝宝舒适的感受，我每天坚持的日程安排，也许这样会使肚子里的宝宝养成良好、有规律的生活习惯，说不定生下来后能非常健康，大人也容易照顾啊！"朋友惊讶地说："至少？也许？这都是说不准的事，你居然也能这样坚持？我们真是服了你！你是不是想要养一个天才，未来培养个大人物啊？"一句话，又把我引向了更远一点的规划，以致大家说我是个神经病妈妈！

我开始思考，我希望我孩子的未来是怎样的呢？

我想来想去想了很多种可能，但不管是怎样的想法，都只代表了我作为母亲的个人意愿，甚至感觉有些愿望太过功利，而这些愿望是不是孩子自己想要的未来呢？

还记得以前，当其他家长把孩子的周末时间排满了各种培训课程时，我也曾感叹为什么不能让孩子在童年时期快乐地玩耍呢？当社会大多数人为了高考而高度紧张时，我也曾发出豪言壮语：考不了大学也无所谓啊！那现在我的孩子真的出生了，对于他的成长我是否依然能够淡定如初？在当今儿童教育主流思想的浪潮中逆行，我是否又承受得住压力，有接受和承担个性化教育结果的勇气呢？我放弃了心潮澎湃的各种幻想，开始冷静真诚地去思考，发现心里总有个看似简单的愿望一直都存在，那就是希望我的孩子是个永远快乐的人。快乐，是的，就是快乐！在这个利欲熏心、人心浮躁的世界里，真正的快乐是多么珍贵啊！我不需要替孩子去选择未来的道路，但是我却可以选择营造轻松快乐的生活环境，让我的孩子拥有最快乐的童年，然后让他带着快乐的心境去选择自己的未来之路。

可是，成为一个永远快乐的人说起来好像很简单，但做起来是非常不容易的啊！因为要做到真正意义上快乐的人，是必须具备很高的个人素养的。快乐的人必须拥有独立的人格、优秀的品质、健康的心态、与人交流时的高情商，这些能力都不是一朝一夕能够培养成的，需要家长做最好的示范，需要从小到大在成长的点点滴滴中去培养，需要与父母进行良好的交流沟通，通过友好的互动训练而成。

思考清楚了各种问题和可能，我就带着我的孩子朝着快乐童年的目标前行了！

这些年来，我面对过很多质疑和批评，也收获了很多鼓励和赞美。当阅读了琳琅满目的教育类书籍，看到市场上各类早教培训机构的盛行，了解了世界各地丰富的教育理念，我也受到很多不同程度的影响。当很多好朋友坚守了多年快乐至上的教育理念，却最终还是沦陷在传统的教育漩涡之中，并热心地劝导我不能冒险时，我也曾动摇过，但是，我依然坚持下来了。十二年的时光里，我尽可能地吸取能帮助我坚守快乐原则的教育精华，并将其融入我的日常教育中，也努力顶住了来自各方面的压力，为孩子的生活营造了欢乐的氛围。在儿子十二岁生日那天，我对他说："宝贝，今天你已经十二岁了，也就是说你告别了童年时光，迎来了少年时代！妈妈希望你的童年是过得幸福和快乐的，不知道你感觉怎样啊？"他开心地点点头，骄傲地说："妈妈，我认为我的童年时光非常幸福，我应该是全天下最快乐的孩子了！"

没有什么比孩子的肯定更让我自豪的了！当初承诺要给孩子一个快乐童年，如今通过我们共同努力得以实现，在接下来的成长道路上，我也只会做一个智慧的引导者，把孩子当成最真心的朋友，给他最大的尊重和信任，遇见问题帮助他理清思路，让他学会自己判断和做决定，勇敢地去迎接新的人生挑战。

想要的未来是什么？

还是交给孩子自己去创造他的美好未来吧！

选择单亲是不是不负责任

选择单亲是不是不负责任

　　每次与刚认识的朋友聊天，无意间他们问起我的家庭情况，我只要说出是单亲家庭时，大家顿时会一脸歉疚地说："不好意思，提起你伤心事了！"不知道是不是我这个人比较奇怪，我从来不觉得我这个单亲家庭很可怜，也不会为这件事而伤感，所以每次说出时都觉得这是很正常的情况。

　　如今说起这件事我已经云淡风轻，其实当初选择离婚，我也是纠结了很久，不为别的，主要纠结于这样做是否会对孩子产生不良的影响。当年我提出离婚时，孩子的父亲就很恼怒，认为我是一个对孩子不负责任的妈妈，居然自私地要拆散这个完整的家庭。至于为什么我执意要离婚，个中缘由是非常复杂的，是是非非没必要说得太清楚，我只能说选择这个结果我是认真思考过，自己觉得正确的。

　　我决定离婚的时候Toby还不到两岁，所以很多事情他并没有记忆，年幼的他只是希望每天都能黏着妈妈，其他的就都不是很在意了。我当时去找了一个已经离婚的好朋友沟通，想知道她当初的决定有没有影响到孩子的成长。记得当时已经很久没见这位朋友了，在咖啡店看到她的时候，她优雅地坐在靠窗的位置，品着一杯咖啡悠闲地等着我，这跟前一段时间里眉头紧锁、疲惫不堪的她形成了鲜明的对比。坐下来，我说明了心中的困惑，她没告诉我该怎么做，只是分享了她的经历。

　　她与前夫性格爱好都不相同，思考问题的角度也不同，所以常常产生矛盾从而引起争吵，他们也担心夫妻的争吵会影响孩子，所以每次都会关上门在自己房间里进行辩论。突然有一天，当他们在屋里争吵时，女儿敲门进来，拿出两份用A4纸打印好的离婚协议摆在他们面前说："我请求你们不要再吵了！我从网上拷贝了一份协议，你们看看没什么问题就签了吧！"可以想象当时这对父母是多么惊讶啊！朋友轻声地对女儿说："如果我们分开了，你不难过吗？"一个十岁的小女孩理智地回答道："你们总是吵架才让我很难过。我知道你们都是最爱我的，我就开心了！"就这样，这对父母在女儿的引导下做了认真的思考，两人心平气和地分手了。接着我跟这位女性朋友聊了很多她现在的生活状态，她努力工作照顾孩子，有空就健身美容，感觉整个人的内心轻松很多，自然也健康快乐起来了。

后来，我又找一个五年级的小男孩聊天，问他们在学校里会不会歧视单亲家庭的孩子？小男孩莫名其妙地看着我说："我们为什么要歧视单亲家庭的同学呢？爸爸妈妈离婚是大人的事情，跟我们小孩子没有关系。"我们真的是低估了孩子们的思想境界，我们总是以大人的眼光去判断孩子的世界，其实孩子的内心非常单纯，他们需要的是真实的温暖和爱，而不是伪装的和谐与完整。对孩子负责，不在于表面的形式，重要的是无论发生任何变数，作为父母都能够努力为孩子营造快乐的成长环境，承担起养育孩子的所有责任。

就这样，我开始带着Toby过起了丰富多彩的单亲生活。

对于一个创业的单亲妈妈来说，一方面要努力工作获得社会的认可，承担生活和养育孩子的经济压力；另一方面还要照顾孩子的身体，辅导他学习，可以说是苦难重重。但无论我在外面承受了多少委屈，经历了多少挫折，受到了多少压力，在回到家前半小时，我一定会调整好心情，以阳光快乐的状态去面对我的孩子。我每天都会用有趣的方式跟他聊聊自己遇到的事情，分享一些快乐的经历，而从不抱怨任何人和事，希望积极乐观的正能量能够感染到他，让他深刻感受和了解到，能够养育他是我此生最幸福和快乐的事情。

随着Toby一天天长大，成长中我要考虑的问题也随着增多，为了让他具备男孩子的阳光活力，我也努力锻炼，让自己变得更加坚强果敢，拥有超强的体能和意志。我带着他学习溜冰、游泳、滑板、骑自行车，还把自己尝试

蹦极获得的"勇敢者"证书给他看，鼓励他挑战更多全新的运动。

　　然而有些事务对于男孩来说有父亲帮助可能会更好，在我没有选择的情况下只能自己充当这个角色了。在适当的时候，我还必须淡定自若地向他讲解男孩的生理结构和健康卫生管理，争取不落下任何成长的关键环节。真的是既要当妈又要当爸啊！不过随着孩子逐渐长大，他也变得更加懂事，除了母亲节时他记住要祝福我以外，父亲节时他也会热情陪伴我，赞美我是全天下最好的父母！有时候我也会开玩笑问他要礼物，他说一定送给我一个全天下最好的儿子！

　　这么多年过去了，我很感谢自己当初的决定，因为我选择了一个让我能开心付出的生活方式。如果当初以为勉强维系一个完整家庭是为孩子负责，我想我会过得不够快乐，自己不快乐又怎会营造出快乐的环境呢？我选择单亲不是不负责，因为我全心全意爱我的孩子，我关心他、爱护他，尽自己的最大努力让他的生活多姿多彩。爱孩子不是把爱悄悄隐藏在心里，更不是简单地说在嘴上，而是任何困难和挫折都不能阻挡你、淹没你无私的爱和真心的付出。

　　单亲现在已经是个很普遍的现象，我身边就有很多独自带着孩子生活的年轻妈妈，她们每一个都是颜值高、文化高、智商高、能力强、人缘好的女性。人们总是不可思议地说："这么优秀的女人，怎么就没有人爱呢？"或是说："是不是你们这些女人太强势了？容不下男人？"……我也说不清社会为什么会有这样的现象，每个家庭当然各自都有着不同的原因。我只是想说：我看到的大多数单亲母亲，她们都非常努力地工作，认真细心地照顾着孩子，让孩子们都能健康快乐地成长，做了一个负责任母亲该做的一切。也许，这就是母爱的伟大之处吧！

　　我选择单亲，并不是告诉大家单亲就是对的，就是最好的。如果你幸福地拥有完整的家庭，那就是人生最幸运的事，你们就用最健康最完整的爱让孩子们幸福下去吧！如果不巧你们夫妻间也有分歧，请千万不要过分担心和忧伤，平静下来去选择最理智最恰当的结果，努力用另一种方式创造出孩子成长的幸福乐园吧！

如今，孩子已经长大，身高早已超过了我，让我真切地感受到时光如梭。朋友们都对我竖起大拇指说："你真伟大！"其实，伟大的不是我，伟大的是孩子这个小生命的降临，他赐予了我一个伟大的名称：母亲！所以我跟全天下拥有这个伟大名字的女性一样，因为有了这个称呼而充满无限的力量！

初生的孩子都是
纯净的白纸

初生的孩子都是纯净的白纸

　　见到Toby很孝顺很懂事，很多朋友总是对我说："你真是好命啊！有这么好的儿子。"我的确很感恩上天赐给我这么好的儿子，但每一个生命都是神圣的，每一个初生的孩子都是上天赐给父母最好的礼物，所有的小朋友跟我儿子都是一样的，初生的时候都像天使那样纯净和美好。最后，这些独特、美好的小生命，在父母、亲人、老师、社会等各种不同因素的影响下成长和改变。

　　在成长的过程中，孩子的教育是最让父母心力交瘁的。过去东西方的教育分歧、开放和保守教育理念的混战，早已经让年轻的父母们纠结和矛盾了，更不用说如今个性化教育的代表——"虎妈""狼爸"的盛行了。亲子教育类书籍琳琅满目，朋友圈教育类鸡汤多如牛毛，教育方法和理念却又是众说纷纭、观点不一，因此搅乱了父母们的思维和心智，从而产生了很多的焦虑，很难再淡定下去了。

　　孩子的成长只有一次，家长们根本没有机会在各位专家彼此对立的观点中来回实验。我当然也是众多受影响的家长中的一员，在经过很多纠结和思考后，最终我选择了我认为最好的教育方法——言传身教。

　　其实说起来，Toby和所有的孩子一样，在刚学会走路时把自己的玩具满屋子撒，看到色彩缤纷的心爱玩具时也会站在店里不愿离去，入学初期贪玩到都不想写作业，学什么都是兴趣来了坚持一段时间，没过多久就厌倦而放弃。这些都是因为孩子在没有接受到有效的行为指导时，做任何事情都是以自身感觉最舒服的行为模式而进行的。其实在没有规范行为前谁都是一样的，就算是我们成年人，在已经接受了很多的教育后也是能懒惰时不想勤劳，能享受时不愿吃苦，能轻松得到就不愿努力付出的。所以，要想具有勤劳善良、知足常乐、积极向上的优秀品质是需要不断训练和培养的。

我自己是个非常爱整洁的人，无论家里还是办公室，我都整理得有条不紊、洁净明亮，所以对于玩具满天飞的场面我是不能接受的。但在幼小的Toby每天把玩具满屋乱扔时，我却从不着急地对他唠叨和抱怨，更不会拉着他教训说："你这样不乖，赶快把玩具整理好！"其实这样直接的教训是毫无意义的。我当然不是说孩子听不懂我们大人的道理，只是一味地说教并不能达到有效沟通，但我们大人总是没有那么多的耐心去寻找能让孩子们开心接受的方法。

对于Toby的玩具整理问题，我也是通过很长时间的引导和训练，慢慢养成他收拾的好习惯。每次玩具玩耍时间结束时，我都会开开心心地拿出固定的两个漂亮的玩具整理箱，根据玩具箱颜色和大小的不同，我们将它们分为装大零件的和小零件的两种，大箱子负责装整体玩具和大块积木等，小箱子负责装各个玩具的零件。Toby和我分别拿几个箱子，然后让他跟我比赛收拾玩具，看谁收拾得既快又准确。整理完毕，我们就会把箱子放到屋子里固定堆放的位置，然后击掌庆祝，最后我都会带着欢乐的情绪说："玩玩具好开心，但是整理好我们的家，我们更开心，对吗？"他也会开心地回应。通过一次次的共同努力，Toby慢慢养成了把玩具和图书分类整理的好习惯，每次游戏结束后，都会按规范收拾好自己的书柜和玩具，到最后我不陪他一起收拾，他也会主动整理了。

相对那些不买玩具就躺在地上哭闹的孩子来说，Toby已经算是文雅很多了！他一般就是赖在那里不愿离开。每次我们要出去逛街时，我都会尽量做到出发前把当天的计划说一遍，计划得到Toby的认可后，我们就带着喜悦的心情出发。但孩子总归是孩子，就算计划再周详，在心爱玩具的诱惑下也难免会控制不住想要的欲望。这时，我都会告诉他有这样的情绪是很正常的，就

像妈妈看到特别漂亮的衣服也会想要拥有它，但是好玩、好看的东西实在太多了，我们没有办法满足自己所有的欲望，那么只能按照自己的计划一步一步地去实施。他当然不会这么快就理解这些道理，我也不急于说服他，耐心地等他多看看那个玩具，最后轻声地对他说："这个玩具真是不错，我知道你很想要，但是今天我们的计划里没有要买这个玩具，所以你要认真看好，把它列到最想要的玩具计划里，我们可以将它放到以后的购物计划里，好吗？"他虽然有些失望，但经过纠结最终还是接受了我的建议。就这样，在我和Toby共同成长的日子里，我们一起学会控制对物质的欲望，我们把购物分为"急需级""补充级""添彩级"等多个等级，按级别的轻重缓急来安排购买计划，尽量把有限的资源安排得合理，让我们不富裕的生活同样过得丰富多彩。

很多时候带着Toby参加朋友们的婚礼、生日等各种宴会，大人们相聚在一起海阔天空地聊天时，小孩子们在旁边总是会感觉无聊。现在的孩子都靠着手机、平板电脑等智能设备打发时间。Toby有时候也会玩玩游戏，有时候却会抱着一本小说安静地阅读。有一次，一个好朋友跟我说他的孩子不爱看书，问我怎样引导孩子多看书？我婉转地告诉他，每天晚上我都会跟孩子一起阅读。Toby幼小时，我就拿着图书给他讲故事；稍微大点时，我们就各自看自己喜欢的书。他通过不断的学习，认字越来越多，慢慢地从漫画看到了小说，睡前阅读就这样成为了我们的生活习惯。

孩子们刚开始上学时，养成按时完成作业的习惯非常关键。我们都是从孩子长大的，也有过很多类似的经历，所以更不应该把产生的问题都推卸给孩子，怪孩子贪玩、不专心、拖延时间、不爱学习等，将一堆的负面标签往孩子身上贴。我们应该根据自己孩子特殊的个性，耐心地找寻适合孩子的方法，引导孩子学会接受自己学习任务。

记得Toby一年级的第一个周末，周五放学回家后他就像插上了自由的翅膀，开开心心地玩耍起来。我只是轻描淡写地问了问："有没有家庭作业啊？"

他边玩边回答："有啊！明天我会做的。"听了他的回答，我便没有继续追问他作业这件事情了。结果，周六、周日他都玩得欢天喜地，好像完全忘了有作业这件事。到了周日的晚上，他开始烦恼所有的作业都还没做呢！我便欲擒故纵地说："既然这么不想做作业，干脆就不要做了！"他不满地说："你说得倒轻松，没做作业挨骂的不是你！"我故作思考了一下，对他说："其实，我刚上学时也跟你一样，每天都很想玩，但是做不完作业又不是个合格的好学生，后来找到了一个方法，玩起来就轻松好多！"他有些激动的问："什么方法啊？教教我嘛！"我把他抱到怀里，慢慢对他说："我发现作业其实并不是很多，也不难做，我只要一放学就抓紧时间把作业写完，既不担心被老师批评，玩耍的时候也不用想着作业，那自己玩得才轻松和快乐啊！"他说："真的吗？"我接着说："你可以自己尝试几天看看呀！今天晚上，妈妈先陪着你把作业做完，好吗？"他乖乖地坐下来写作业，很快就专心地完成了任务。后来，他每天放学回家，第一件事情就是写作业，就连暑假、寒假作业，他也会根据自己的计划，拟定每天完成的量。有时候，假期刚开始一周，他就完成了所有的假期作业。这一切当然是为了假期无忧无虑地玩耍。

陪伴孩子写作业也是有方法的。每次Toby写作业，我只会拿本书静静的在一旁阅读，并不去关注他写作业的情况，如果父母在旁边一直守着孩子写作业，还不停地唠叨字写得好不好，题目有没有做错，相反会给孩子很大的心理压力，让孩子产生厌恶写作业的心理。刚开始养成写作业习惯时，我会关掉家里的电视，自己也在一旁看书学习，给他营造安静的学习环境。随着孩子长大，他已经懂得学习是自己应该承担的义务，也是自己学习本领的最好机会时，我就不会迁就着他，而是完全按照自己的日常安排去做事，不必刻意为了他保持环境的安静。我会告诉他："当我们做很多事情的时候，总是会有各种各样的诱惑影响着我们，我们没有办法改变环境，只能学会管理自己，只有在任何状态下你都能坚持做自己的事情，才是真正的有能力的人。"

　　每个初生的孩子都是纯净的白纸，我们父母往上面添加什么色彩，创造什么画面，最终就会形成什么样的图案。我们费尽心力找寻着各种各样的教育方法，但无论多好的教育方法，都不如父母的言传身教。如果父母总是玩着手机，怎能抱怨孩子不爱学习；如果父母总是以大声呵斥表示自己的权威，又怎能要求孩子变得彬彬有礼；如果父母对自己的承诺总是找借口拖延，又怎能让孩子说到做到呢？父母就是孩子最好的榜样，只有得到孩子真心的尊敬和爱戴，我们对于孩子的所有教育才会真正有效。

　　希望孩子未来成为优秀的人，那我们就先努力让自己成为那样的人吧！

"身体柔软的小动物：蛆虫、毛毛虫、蜗牛"

①

"毛毛虫可以变成蝴蝶飞向天空，有天空保护。"

②

"小蛆虫可以钻进土地，有大地保护。"

③

"可怜的小蜗牛……"

"蜗牛虽没有天空和大地的保护，可它有自己坚硬的外壳保护呀！"

④

成长的烦恼

成长的烦恼

在很多父母的眼中，让孩子快乐地成长，就是让孩子生活得无忧无虑，全方位地呵护，不让孩子受一点委屈，更不用说是让孩子去承担压力和面对挫折了。

对于我们这个家庭来说，单亲这件事对Toby的影响并不大，由于他当时太小，对一切都毫不知情，只要能跟妈妈在一起，就感到非常幸福和快乐！

然而，单亲家庭当然会遇见更多的困难和挑战。

刚离婚带着孩子独自生活的时候，恰逢我公司经营的项目失败，巨大的亏损带来了经济的压力，我在重新寻找工作机会、偿还债务的同时，还要忙着照顾孩子，我顿时感到了前所未有的困难。努力坚持了一年左右，忙碌的工作和照顾幼小的孩子两件事情叠加在一块让我疲惫不堪，我渐渐地感觉到若不能全身心投入，这两件事情我都没有办法做好。经过认真理智的思考后，我毅然决定先把Toby送回老家，把他交给自己的母亲和妹妹，让她们帮忙照顾Toby。

对于Toby来说，虽然要暂别有妈妈陪伴的生活，但是有外公外婆、姨父姨妈的关爱，还有凡凡弟弟的相伴，应该比跟着妈妈生活得更安稳。对于我而言，虽然百般不舍，但可以不用担心照顾孩子的问题，从而专心投入工作，快速地恢复元气，争取弥补因失败造成的各种损失。

就这样，幼小的Toby首次遭遇了成长的烦恼。接下来三年的时光里，他只能每天晚上和妈妈在电话里交谈，每年也只有节假日能见到妈妈，承受着分离的忧伤。尽管在老家有众多家人的百般疼爱，与同龄的弟弟同吃、同住、同上幼儿园，尽管他每天的日子也能过得幸福和快乐，但小小的他居然还是说出了"看到卧室深色的窗帘就会思念妈妈"这样触动我心灵、让我感伤的话语，而我也只能加倍努力工作，希望早日改变这样的困境。

我们在生活中总是会碰到很多无法解决的问题，平凡的我们不能太过强求，怎么做才是对？怎么做才最好？每个人心中都有不同的答案，别人也没法替我们去做选择，我们最终只能寻找当下最适合的解决方案。不过，总算是天道酬勤，我三年接回儿子的承诺也得以实现，幼儿时期的Toby顺利地渡过了那段离别的考验。

回到广州，Toby上了半年幼儿园适应环境和气候，很快就成为了一名可爱的小学生。那段时间，每天妈妈继续忙碌工作，而Toby快乐上学，早晚由阿姨接送，晚上母子俩相聚在一起做游戏或看书讲故事，生活过得井井有条而又温馨舒适，我们都感到非常知足和快乐。

人生，总是不可能一帆风顺！在我们已经适应了生活的节奏时，总是会出现一些小小的波折打乱我们的步伐。阿姨的家人突然查出癌症晚期，她决定回家陪伴亲人。找过保姆的家庭都知道，遇见一个满意的阿姨是多么不容易，更何况我工作繁忙，如何把孩子和家交给一个刚找来的陌生女人呢？在阿姨整理好行囊离开后，我跟Toby商量，希望他同意去能寄宿的学校上学。在得到他的认同后，我们就开始到处联系学校，办理转学插班生的各种手续。由于是中途转学，很多很好的寄宿学校都已经满员，我们只能在有名额的学校里挑选了相对满意的一间入学。Toby在这个突如其来的变化下，开始努力去适应寄宿的学生生活和学习。

这间学校属于封闭式管理，每周正式上课时间是六天，只有周日学生可以自由活动。学校规定每个月有连续五天的月假，家长可以接孩子回家休假，实在想念孩子的家长，只能稍微辛苦些，周六晚上接周日晚上送。我是不管多辛苦周六都一定去接Toby。

Toby是个很体贴的好孩子，虽然他心里百般地不愿意寄宿，却能理解这样选择是因为没有更好的解决办法，所以当老师或其他人问他时，他总是告诉大家自己的妈妈是多么忙碌和辛苦，他知道妈妈就算是送他在学校寄宿，也是最爱他的好妈妈。

每次我去接Toby放学时，都会远远地看着他跳着"快乐脚"向我蹦过来，然后欢天喜地跟我来个深情的拥抱，接着就会滔滔不绝地开始跟我分享他在学校的各种事情。每次他回到家里也总是说："家里太舒服了！要是能多待几天就好了！"一天的时间也的确很快就过去了。每当到了我该送他回学校的时间，他就开始不开心，在路上总是希望我把车开慢点，哪怕是多拖一分钟心里也觉得好一些。等到了学校门口，他会依依不舍地给我一个有力的拥抱，然后头也不回地只留给我那小小的坚毅的背影。

如果说寄宿是Toby小学阶段面临的最大烦恼，那在校园里一些有暴力倾向的同学就是他面临的最难挑战。由于我们是仓促转学，找到的这间寄宿学校虽说是费用不低的私立中英文学校，但是学校里的学生和老师的素质却显得很一般。学校里很多学生的父母都是生意人，都希望二十四小时把孩子寄养在学校，他们就可以不再操心了。学校的老师流动性大，Toby小学三年有三个不同的班主任，更不用说其他科目的老师了。

Toby宿舍有一个比较有暴力倾向的同学。父母没有时间教育他，因为觉得亏欠孩子，所以特别宠爱，从来不批评管教，孩子有什么问题，父母就以金钱物质补偿，哄他开心。这个孩子喜欢打架，欺负弱小的同学，对于老师的教导从不理会，最后老师对他也是尽量避而远之。有一个周末Toby回家告诉我说："妈妈，有个同学总是喜欢打人，我们宿舍几个同学都被他打了。"我看着委屈的Toby，搂着他慢慢地说："是不是感觉被人欺负了，心里很难受啊？"他回答说："嗯。"我轻轻地拍拍他的背，关心地说："我知道这很让人难过，如果你想哭妈妈抱着你哭，好吗？"他点点头，但是并没有流泪，只是安静地靠在我怀里。我继续问："他为什么要打人啊？"他回答说：

"如果我们这周带的食物或零花钱不分些给他，他就会打我们，所以我只好分了些食物给他。"我接着跟他商量说："你希望妈妈怎么样帮助你解决这件事情呢？第一，妈妈去把他打一顿；第二，妈妈去跟老师反映情况；第三，妈妈打电话告诉他父母？"Toby思考了一阵，接着他的回答让我非常惊讶。他认真地分析说："妈妈你是大人，如果去打他就不对了。可是你去告诉老师，结果跟我去告诉老师是一样的，因为整天都有同学去告诉老师，老师管不了，最后也烦了，说他不算是他的学生了。你打电话给他爸妈就更没有用了！如果他爸爸妈妈懂得教育，他就不会变成这样了！"Toby这么认真的分析，让我赞不绝口。在没有最好的解决方案的情况下，我们只好认真思考如何调整自己状况去避免这个麻烦。我们找到自身的不足，不应该买太多的零食，既不健康又容易诱惑别人来抢，从那以后Toby就不带零食去学校了。不管是多坏的孩子，他应该都需要朋友，可以尝试通过沟通和他成为朋友，让友谊来化解暴力。如果实在没办法跟他成为朋友也没关系，小学毕业的时间很快就要到了，我们就尽量不跟他打交道，惹不起只能想办法躲得远远的了。

我和Toby商量好接下来的处理方案后，对他说："不只是你们学校有这样的同学，其实很多学校都会有，将来踏入社会也会遇到更多各种各样的坏人，我们除了要尽量不跟坏人交往以外，应该加强学习，让自己变得聪明睿智，更应该不断锻炼自己，让自己身体变得更强大，坏人自然就不敢来欺负我们了。"后来，Toby开始努力学习柔道，通过强身健体来武装自己，让自己变成一个坚强勇敢的男子汉。

Toby这十二年的成长遇见了一个又一个的烦恼，在这些经历中，也许大家觉得我并没有真正意义上地去帮他解决，而每一次我都是让这个小小的孩子自己去面对、去适应的，这样的做法让我看起来有些狠心，殊不知我这颗心也是在一次次磨难和煎熬中逐渐变得强大了。Toby的人生会遇到无数的难关，我无法每一件都帮助他渡过，我只能真诚地告诉他："无论发生什么事情，只要妈妈在，都会永远支持你，爱护你！"

　　每个孩子都是父母心中的至宝，谁也舍不得孩子去经历过多的挫折，承受更大的压力，面临激烈的挑战。然而，生命的成长中，我们本来就会遇到无法预估的各种挑战，更不能把握未来所要发生的一切。作为父母，我们不可能将所有的烦恼全部阻挡，把所有的压力全部扛下，让孩子只在我们全方位的呵护中成长，因为在那未知的将来，我们都会老去，都会离开，孩子们终将需要自己去面对世间的所有烦恼。

　　成长的烦恼，只要勇敢面对，孩子就会变得更坚强、更勇敢。

自控力从守时开始

自控力从守时开始

家长们总是抱怨孩子写作业不专心，做事心不在焉，控制不住上网和玩游戏的时间等，可家长们不是也很难自控吗？

我看了很多心理学的书籍，从世界各国心理学家的著作中学习了很多关于自控力、专注力训练等知识，专家们都深入浅出地教导大家各种方法，其实万变不离其宗，无论什么方法，关键是要持之以恒，可是坚持又何尝不是自控力的一种体现呢？

多年来，我工作和生活的压力都很大，每天需要完成的工作量非常巨大，为了改变自己原来的拖延症，提升自己的时间管理能力，我也经历了艰难的考验。

就像当年做胎教计划一样，不管做什么事情，我都会列出详细的进度表，然后严格按照进度完成各项任务，每天的日常也会提前规划，严谨地将每天的时间精细划分。制订计划往往比实施计划容易，我也是咬紧牙关坚持才真正养成这个好习惯的。

说起教育Toby，那我可真的是从胎教就开始培养生活规律的好习惯了呢！Toby出生后，他的每日安排也依然是井井有条。吃饭时，我们大家坐在餐桌前一起进餐，只要Toby离开餐桌，我就会收拾桌子，哪怕感觉他并没有吃饱，也一定不会满院子追着他喂饭。午睡时，也是每天定好时间，到时间就把他叫起来，不会让他毫无规律地一直睡，以免造成晚上无法正常睡眠。玩耍、看电视、看书等都有规定的时长，一直坚持教他养成守时守则的好习惯。

由于我们对时间严格把控，所以在规定时间里想要完成任务就必须专注，否则时间很快就过去，导致该吃饭时饭没吃好，该玩耍时却没有玩够，该学习时也无法达到效果。通过一次次严格的要求和训练，慢慢地Toby做事情就很专心了。

学习钢琴这类的乐器都是需要每天练习的，当Toby开始学钢琴后，我就让他决定每天练琴时间的长短，他经过慎重考虑，给自己定下了每天练琴半小时的计划。明确了计划，我就非常耐心地告诉他："我知道，其他小朋友练琴一般都要一个多小时，你自己只练习半小时，妈妈认为这样也没有关系，关键在于你是否专心练习，一定要认认真真地练足这三十分钟，只要没有浪费任何一分钟，那么这半小时也会非常有用的。"于是他特别买了一个小闹钟，每次弹琴就把小闹钟调好放在琴上，然后自己就专心认真地练习老师布置的练习曲，只要闹钟一响，他立刻起身，收好琴谱，关好钢琴，那可真是多一分钟也不弹，当然也绝不会少弹一分钟。外婆来广州看望他时，看他练完钢琴的样子，就笑着说："哇，时间一到立刻停啊！Toby真是时间观念太强了。不过他这三十分钟还真是没有荒废，非常专心和认真，至少他没有像其他小朋友那样，一会儿喝水，一会儿上厕所，一个小时的练琴时间浪费一大半啊！"每天弹半小时琴的习惯Toby就这样一直坚持着，六年过去了，从未改变过。

Toby小学二年级才学会玩游戏，刚开始几天玩得很不好，但很快就能熟练地操作电脑设备和参与游戏了。所以我觉得现在的孩子是天生的智能设备达人。不过相对很多孩子来说，Toby对游戏并不是很痴迷，他虽然也算是出生在移动互联网时代的孩子，但他很会控制自己玩游戏的时间，这一切都源于他的时间观念。

我和Toby商定每天玩游戏的时间最多一个小时，他可以选择一次性玩够一个小时，也可以将一个小时分拆成几次。同样，他的小闹钟也起了很好的作用。有一天我在客厅看电视，他在书房玩游戏，闹钟响了，他却过了五分钟才关电脑出来，他不好意思地跟我解释说："妈妈对不起，刚才网速很慢，游戏都玩不好，后来电脑关机又很慢，我超了5分钟。"我安慰他说："没关系。但是下次如果出现网速不好的情况，你就暂停玩游戏，去看看书，或者去滑滑板，不要坐在电脑前既玩不好游戏，又把时间浪费在了等待上。"他听懂了我的意思，也放在了心上，以后但凡网速有问题，他就停下游戏，去做别的事情了。

每个假期来临时，都是孩子们最快乐的时刻，个个都像冲出圈儿的小羊，开始自由地在草原上奔跑。而在此刻，最忧心的还是家长们，首先是担心工作忙碌，放假的孩子无人照顾；其次更担心孩子们玩得忘形，忽略了学习。这样一来，我和Toby养成的好习惯在假期就会更加显得弥足珍贵了。

每当Toby考完试放假，首先考虑到的就是怎样完成假期作业，因为他希望快速完成假期作业，使后面各类休闲活动更方便计划。每次他都会先数数有多少假期作业，然后分析是按一周还是十天来完成作业，用作业总数除以天数，得到他每天要完成的作业量，他就定时定量地按照计划完成所有的假期作业，然后就开始真正意义上地迎接他的快乐假期了。

接着，我就会让他自己拟定一份假期日程表，再由我帮忙检查一下，补充一些他还没有考虑到的内容。他每天的日程包括吃饭、睡觉、玩游戏、看电影、做运动、看书、听音乐、大扫除等丰富的内容。无论他在家，还是跟我去上班，都能按照日程进行他自己的活动，连他自己有时候都开玩笑说："我是摩羯座的，个性就是严谨呆板啊！"

Toby遵守自己制定的规则，又有很强的时间观念，所以他的假期总是过得很充实，开学前期也不会有完不成假期作业的压力。Toby的听话和自律不是一朝一夕培养出来的，这些良好的习惯都是从很小的年纪、很小的事情就开始培养，并在成长中不断纠正和改进，最后才能拥有非常优秀的自控能力。

在Toby面前我也是个自控力很强的妈妈，不管每天工作多么辛苦，多晚休息，我每天清晨都是六点起床，然后遛狗和锻炼，就算是周末休息日，我也能在九点前完成锻炼、做早餐和完成打扫屋子等事务。我觉得睡懒觉就会浪费整个上午，而上午的时间是做事情效率最高的阶段。我规定自己每天玩游戏和浏览手机社交圈的时间累计不超过两个小时，每天还坚持睡前阅读一个小时。无论是工作、聚会还是娱乐，只要是我约定的时间从不迟到，宁可我等人也不让人等我，这些行为潜移默化地影响着Toby，让我成为他学习的最好榜样。

　　时间是公平的，每一个人的一天都是二十四小时。时间是任性的，它不会为任何一个人放慢脚步。时间是多变的，在懒散的人面前时间多少都无意义，在勤奋的人心里时间却是珍贵如金。教会我们的孩子，只有珍惜时间才能不虚度时光，让守时成为我们培养优秀自控力的美好开始。

兴趣爱好不要变成任务

兴趣爱好不要变成任务

周末想约朋友们聚会，很多时候大家都说没有时间，可是没时间的并不是父母，而是那些活泼可爱的孩子们。很多孩子的周末都被各种兴趣班安排得满满的，他们从早到晚地忙碌穿梭于各个教育培训机构中。他们学英语、奥数、美术、舞蹈、钢琴、演讲、围棋等，可谓是十八般武艺必须样样精通啊！有些兴趣班是孩子自己喜欢的，有些则是在所谓素质教育趋势下，家长们强制安排的。所以在周末的各种特长班，能看到有些孩子兴高采烈地参与其中，而有些孩子是眼中带泪苦苦坚持着，真是几家欢乐几家愁啊！

跟这些勤奋的孩子和父母相比，我和Toby就显得过于自由散漫了。我虽然也希望Toby多一些兴趣爱好，能够学习一些课堂上没有的知识，发挥他个人的特长，开阔他的视野，然而既然是兴趣爱好，我还是愿意让Toby自己去发现，只有他自己内心真正喜欢，才会投入精力付出努力。

跟所有孩子一样，Toby在丰富多彩的课外活动面前总是兴趣来得快去得也快。

小学一年级时学校兴趣班报名，他兴致勃勃地报了国画班，回来跟我说要交费，还要准备绘画的工具。我好奇地问他："你知道什么是国画吗？"他急忙跑到书房找出了一本关于国画鉴赏的书，里面展示了中国古今部分名家的书画作品，并附了品鉴说明，我甚至不知道他什么时候翻阅过这本书。他骄傲地拿着书对我说："这些就是国画，是用宣纸和水墨完成的。"于是，他开始了学习国画的"搞笑"经历。

国画课每周上一次，孩子们每次都会完成一幅自己的作品。记得过了几周，我正好去学校办事，路过学校宣传栏，看到里面贴满了国画班孩子们的作品，其中一幅"荷叶上的小青蛙"就是Toby的作品。后来老师来跟我交流，告诉我："Toby这个孩子还是挺有绘画天赋的，就是不知道为什么每次上课他都要用纸巾塞着鼻孔？我问他他又不太愿意说。"虽然我答应老师回家跟他谈谈，但是我已经猜到了原因。Toby从小嗅觉比较敏感，闻到异味就会作呕，估计是绘画的墨汁味道有点臭，他为了不使自己反应太大，才用纸巾塞住了鼻孔。

就这样塞着鼻孔坚持了两个月，他当初的热情也消耗光了，终于对我说要放弃国画学习了，因为实在受不了那股臭味。我平静地接受了他的请求。

有一次看见穿着跆拳道服装走过的小朋友，他觉得酷毙了，回来就嚷嚷着也要去学习跆拳道，尽管我告诉他学跆拳道要能吃苦，不怕摔打，坚持训练才能学好，他依然坚持说自己想要去尝试。可是，跟学习国画相同的故事又发生了。第一次上跆拳道课，小朋友们都很兴奋，老师告诉大家要脱掉鞋袜光脚就位，Toby按照要求加入队列，开始跟着老师做准备活动。没想到，刚过了十分钟，他就忍不住跑到门口的垃圾桶开始呕吐，吐完坐在外面休息区椅子上说："妈妈，这么多人脱了鞋袜简直太臭了！"就这样，跆拳道课十分快速地结束了。

后来，Toby又报名参加过漫画班、游泳班、花式篮球、钢琴、合唱等兴趣班，有的项目是阶段性的，有的项目是延续性的。有些项目，他总是会找出各种理由选择放弃，有些项目他却不知不觉地坚持着。

有天晚上，我们洗完澡躺在床上一起聊天，我耐心地跟他说："我们每个人都会突然对某一件事情很有兴趣，当自己去体验过后，又发觉自己并不是那么喜爱，更不能坚持。就像妈妈们看见别人绣十字绣，也会激动地买回工具，准备大干一场，创作出优秀的作品，可是真正能坚持绣完一幅画的，毕竟是少数。我们对所有的新事物抱有好奇心，保持积极的求知欲，这一点非常的棒。但是作为一个优秀的人，无论怎样我们都应该选择一件事情坚

持到底。你尝试了这么多兴趣，你现在能决定让你坚持的事情了吗？"Toby很认真地思考着，过了一会儿，他坚定地告诉我："妈妈，我选择钢琴。"我开心地说："你的这个选择很了不起，妈妈支持你！自己的选择，再苦再累也要坚持到底哦！"然后我跟他击掌表示鼓励。

学习钢琴是一个孤独的音乐旅程，需要孩子独自坐在钢琴前，不断地重复演奏着练习的音符，当小孩子过了开始的新鲜期，练琴就成了他们痛苦的任务和负担，而陪伴孩子练琴同样煎熬着家长们。

Toby刚开始决定要学钢琴是被我引导的。我自己有点钢琴基础，非常喜爱音乐，家里也现成摆着一台钢琴，再加上我发现Toby手指纤长，这些因素使我对Toby学钢琴有些期望。但毕竟我不知道Toby会不会喜欢，能不能坚持，所以只是很轻松地告诉他："妈妈觉得家里有台钢琴上，如果不弹有些浪费，你要不要试试？"他居然愉快地答应了。第一堂钢琴课，老师教了他一些初级的手指演奏方法，他很快就能灵活地掌握。老师有些惊喜地问他："你真是有弹钢琴的天赋，是不是很喜欢钢琴啊？"他非常老实地回答道："也不是了，只是不想家里的钢琴浪费了！"我和老师都忍不住笑起来。

为了保护Toby对钢琴演奏的热爱，我总是播放很多好听的钢琴曲让他欣赏，有时间会带他去音乐厅欣赏音乐会，常常也会给他分享一些音乐家的故事。当Toby练钢琴时，我却从不在旁督促，让他独立去完成钢琴的练习。练习了一段时间，钢琴老师问我是否要他去考级，我也尊重Toby的决定放弃了考级。

我个人认为，钢琴考级会变成一个外在强制任务，增加孩子的负担，让原本对音乐的单纯热爱有了功利性，孩子就会产生逆反心理，慢慢会害怕练习钢琴。再加上每年钢琴考级都是根据级别选择固定的曲目，曲目的作用是考验演奏水平而非为了欣赏，所以曲子并不是很优美。孩子们为了考级成功，只能反复练习相同的曲子，单调枯燥的练习让孩子们更加痛苦难熬，很多孩子都是双眼含着泪练习钢琴的。

由于Toby没有考级压力，我们练琴的曲目就比较随意，只根据他演奏水平的进步情况，找寻一些适合他演奏的优美的古典名曲。他自己有时会因为听到某首动听的乐曲，就上网下载乐谱打印出来，自己增加练习。我并没有要把他培养成钢琴家的野心，学习钢琴只是希望提高他的音乐素养，提升他的综合能力。他在这种轻松自在的学习氛围中，反而更加喜欢钢琴了。

小学五年级时，他代表学校去参加区里面的钢琴演奏比赛，幸运地获得三等奖。回来兴奋地跟我分享当时比赛的场面，他告诉我："简直太震撼了！很多同学的钢琴弹得炉火纯青，全场就只有我一个人是没有考过级的，那些同学个个钢琴考了十级、九级，太了不起了！"我听他这样说，就问道："你是不是也要参加考级啊？"他笑一笑说："我嘛，就是个普通的喜爱钢琴的演奏者，考级这样高大上的事，我想还是算了吧！"说完转身进房间，开始练琴去了。

Toby坚持学习钢琴演奏已经6年多了，学习任何乐器都有一个阶段是非常难以突破的关卡，我们一起用快乐有趣的方法战胜了它。如今，Toby依然非常享受自己学习音乐的过程，每次学会一首新乐曲都会让我欣赏，还经常自信地说："我的音乐素养还是很高的！"Toby选择钢琴这个兴趣来坚持，从中收获的是对音乐的领悟，是内在的自信，更多的还是快乐！

作为家长，我们要帮助孩子发现优势，找到兴趣，不要把原本单纯的热爱变成强加的任务，保护好孩子追求艺术、追求梦想、探索未来的纯真的心，让孩子真正地享受童年的美好和成长的快乐！

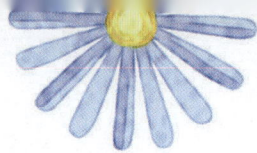

钢琴课中……

"你钢琴演奏天赋不错，很喜欢钢琴吧？"

"也不是了。"

"那你为什么选择学钢琴呢啊？"

"家里有台钢琴，不学浪费了！"

蜜桃表情书签：

请妈妈和宝宝一起动手制作
小书签吧！

1.沿着虚线把图片
剪下来。

2.按条形图片中间
窄处对折完成。

3.将书签夹放在当
日阅读处标记即可。

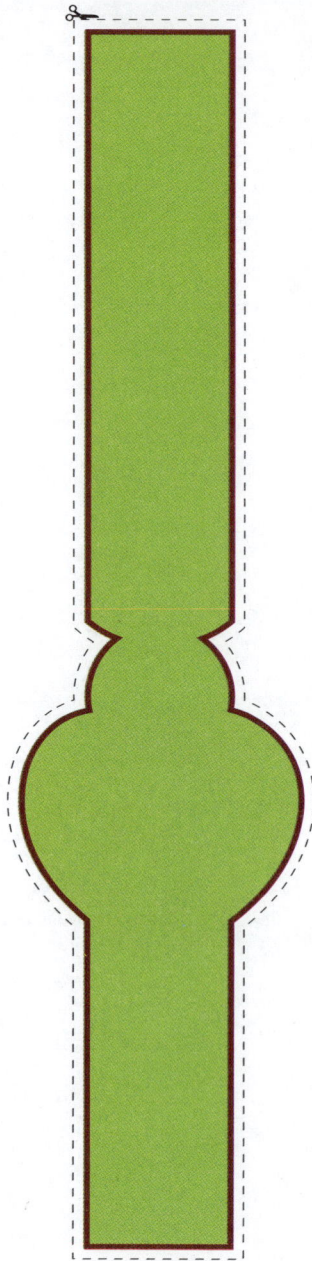

——我们一起来动手吧！——

学习不只是考试分数

学习不只是考试分数

在来自世界各地很多新颖教育理念的引导下，年轻的父母们在逐渐改变，大家慢慢地开始感受到让孩子拥有一个幸福快乐的人生，胜过用学习和考试分数来束缚孩子的成长。

理想很丰满，现实却很骨感。如果说在幼儿园阶段，父母们还能抵挡各类学前教育培训攻势的话，进入小学学习阶段和中学阶段面对各种升学压力时，父母们就不知不觉在学校、老师、身边朋友及家人的各种声音中沦陷，甚至自己的内心也兵荒马乱，缴械投降了。

目前我们的国情决定了应试教育在短时间内无法改变，孩子们还是要按照最常规、最强硬的教学方法汲取知识，以应付各种阶段的考试。对孩子来说，考试分数仍然是非常重要的。因为优异的考试成绩，可以使孩子优先获得更好的教学资源，让每一次升学择校进行顺利，感觉就无须再增加父母更多的烦恼了。学校、老师、父母看重孩子的考试分数当然是无可厚非的，关键在于如何理智对待成长中孩子的学习成绩等问题。

在幼儿园时期，Toby每天都是以玩耍为主，只要是对身体健康有益的运动、游戏、户外活动等我都会尽力陪伴。平日里他感兴趣的是自然常识、音乐影视、玩具游戏、奇幻故事等。我几乎没有让他参与数学、古诗、英语类的学习和培训，玩得开心就是他每天最重要的事情。

整个小学期间，Toby从来没有在考试中获得过100分，更没有在班级荣获过第一名。成绩平平的他却总保持着活泼顽皮、古灵精怪的开心状态。每一次拿到期末考试成绩单，他当然也会有些不好意思地跟我报告，我也会保持平静地告诉他："工作是妈妈的责任和义务，而学习是你的责任和义务，完成的结果怎样不代表所付出的全部，重要的是你是否认真努力过。你考试考得不理想，妈妈不会责怪和惩罚你，考试成绩优异，妈妈会为你感到高兴，却不会因此奖励你，因为这都是你应该认真对待的事情。"这些话一次次地重复着，对于他的考试分数，我每次最多就是赞美和鼓励，从不因他的成绩大喜大怒，更不会用物质和金钱作为奖励，鼓励他考出好成绩，慢慢地他也领会到了我所要表达的意思。

就算是我不在意Toby考试的分数，但是身边的人却总是逃不开这样的话题。每到期末，走到何处何地，遇见朋友，大家见到孩子们的第一句话总是问："考试考得怎样啊？多少分啊？"我想这应该是每一个孩子假期中最不喜欢听到的一个问题了。记得我们小时候，听到这样的问题心里也会很不开心，可长大了大家又重复着这样的场景。我妈妈也总是怪我不抓紧孩子的学习，太放任自由了，因为Toby考试的成绩没有好几个亲戚朋友的孩子优异，她担心将来升中学、考大学时，Toby很难考到好的学校。所以每次放假，Toby比较紧张的是要向外婆汇报成绩。有一次Toby考试成绩进步很大，电话里外婆听了很高兴，激动地说要奖励他很多零花钱，Toby却对外婆说："谢谢外婆。读书学习是我自己应该做的事情，不能把考分看得那么重，不管我考得有多么好，都不应该要金钱作为奖励。"外婆听了很开心，称赞Toby听话懂事。

我不看重孩子的考试分数，并不是说考试分数不重要，可是一旦只看重考试分数，就会让学习变得很功利。其实现在很多培训机构都很有能力，能教给孩子们很多应对考试的方法和诀窍，特别是我们国家的孩子，应该算是全世界最会考试的学生了。但是，在孩子成长的岁月中，要学习的知识非常丰富，涉及的层面也很广泛，把有限的学习时间专注在具体的考试内容上，就会造就一个个考试机器，失去了学习的趣味性，从而忽略了知识本身的意义。

比起考试的分数，我更愿意看到的是Toby那快乐的学习状态，更希望他拥有广泛的兴趣爱好，丰富多样的知识，乐观阳光的心态，优秀健康的品质。人的精力毕竟是有限的，当我们把所有的心思都放在考试分数上，那么所有的计划和行为都朝着高分数的目标前进，孩子的时间和精力也都为了这个目的服务，当然没有过多的时间和精力去学习其他知识，培养更多的兴趣爱好了。

我记得小时候父母总是会对我们说："现在什么事情都不需要你们管，你们更不应该有任何想玩的念头，只需要你们专心学习，考出最优秀的成绩，将来长大了，玩的时间可多了！"可以说那个时代每个家庭的教育方法都差不多，社会的发展速度和信息传递肯定是比今天慢了很多，所以对于当时保守传统的教育模式，我们小时候还能勉强适应。

如今，需要学习的知识远远不止是课堂上那几门功课。虽然父母们总是给孩子们学习创造最好的条件，疼着他们，护着他们，认为一切事务都必须为孩子的学习让路，只要孩子考试成绩优异，别的什么都不重要。可是，当很多朋友相聚一堂，孩子们在一块玩耍时，父母们的攀比心理又不自觉地呈现出来。

有一次好朋友搬新家，邀请很多好友携家人出席宴会，席间主人到每一围餐桌前敬酒，对大家的到场表示感谢。他们走到我们这一围时，Toby端着装着果汁的酒杯，对主人说："恭祝叔叔阿姨乔迁之喜，祝你们身体健康，工作顺利！"这一下引起了全场朋友们的称赞，也不小心引起了其他带着孩子父母的攀比心，于是看见他们对着自己的孩子说："你们也给叔叔阿姨说说祝福语啊！"然后就逼着孩子们端着杯子站起来。并非每一个孩子都是活泼外向型的，如果平时孩子很少参加各种社交活动，也没有训练过孩子在众人面前发言，那对于孩子来说简直就是煎熬。

我有一个朋友的孩子学习成绩非常优秀，在家里父母从不让他做任何家务或者自己的事务，小学开始孩子的周末就已经是在语文、数学、英语等补习班度过了，这个孩子也很争气，每次期末考试都是全年级第一名，常常是三门功课100分。每次朋友聚会时，孩子妈妈都会很骄傲地与大家分享她的喜悦，我们当然也真心替他们感到高兴。但每次在聚会中，我却感觉孩子显得相对沉闷，他只是喜欢静静地坐着听Toby和其他孩子天南地北地胡侃趣事。当Toby他们聊起广州台风叫什么名字，希腊神话里有哪些神仙，最近播放的电影是如何好看时，他眼神里流露出羡慕的神色，听得入神的他脸上泛起微笑，仿佛自己也能跟小朋友们一样快乐。这样的画面也是相当的美好，却总是被他妈妈无情的语言打破："你看Toby他们知道的真多，你也一起说说啊！难道这些你都不知道吗？"听了这样的话，我都替孩子感觉委屈。孩子的时间全部都用在读书补习上了，他哪里还有多余的时间去参与这些课外活动和培养更多的兴趣呢？

作为父母，我们不能一方面不让孩子自己动手做家务，另一方面又责怪他没有其他孩子懂事；不能一方面剥夺了孩子所有的业余时间，另一方面又要他知识全面；不能一方面禁锢了孩子的思维和行为，另一方面又批评他不能适应外界的各种环境。

我们成长到今天，经历了很多挑战和挫折，我们已经能够知道和了解，很多事情并不是单单靠分数就能解决的。我们的人生奋斗中需要的是很多学习成绩以外的能力，例如与人相处的社交能力，照顾自己衣食住行的生存能力，接受挑战抵抗压力的坚强意志力，珍惜时间抵御诱惑的自控力，更重要的是豁达开朗的幸福力。

我关注Toby的学习，关注他的生活，更关心他的健康成长。只要我认真帮助Toby养成良好的学习习惯，培养他勤劳善良的优秀品质，塑造他乐观开朗的个性，就算他一次两次考试分数不理想，或者是将来没有如愿考入好的学校，我相信，他的未来也一定是丰富多彩、充满希望的。

"妈妈，你们开动脑会是做什么啊？"

"动脑会就是大家一起动脑筋想创意啊！"

"我也可以动脑筋想创意啊！！"

"好啊～那你先想想习广告语吧！"

"甜滋滋唇膏，让嘴巴变甜的唇膏！"

天黑了，宝宝不哭
黑夜很快过去
醒来之后就看到日出

下雨了，宝宝不哭
雨水洗净天空
架起一道亮丽彩虹

妈妈说经过风雨才长出参天大树
爸爸说勇敢坚强才是真正杰出

摔倒了，宝宝不哭
重新又爬起来
你可以迈出新的一步

270°

45°

60°

换个角度看世界
美好多一些

360°

换个角度看世界美好多一些

互联网的快速发展，让网络普及到了千家万户，我们的生活、工作、学习、娱乐几乎都离不开互联网，我们成了科技发达的受益者，却也被互联网快速传递的各种毫无过滤的信息充斥着。我常常会担心，孩子不小心接收到网络上那些消极、悲观的内容和评论，从而影响了心灵的健康成长，但阻止孩子上网并不是有效的手段，相反会让他的好奇心加重，对父母的教育产生逆反心理，使双方的沟通产生隔阂。

我们没有办法阻挡各种负面事件的产生和影响，但我们可以用开放的心态去面对它，通过与孩子共同认真分析每一个细节，发现自身不足的地方，并努力找到事物积极的一面，学会换个角度看待问题、理解问题，慢慢地我们内心会变得强大许多。很多事情当我们用不同的角度去看待时，就会产生完全不同的感受，最后我们依然可以保持积极并充满正能量的状态。

刚上小学时，有一次Toby把带回学校交的五十元钱丢了，他回家来后既害怕又难过，害怕妈妈会生气骂他，难过是因为觉得自己由于不小心而造成了损失。他低着头轻声地告诉我："妈妈，我不小心把钱丢了！"说完就哭了起来。我坐下来给他擦擦眼泪，然后温柔地对他说："把钱丢了，妈妈知道你很难过，担心妈妈批评你，对吗？"他点点头。我摸摸他的后背，慢慢地告诉他："妈妈也曾经因粗心糊涂地丢过东西，这样粗心大意的确非常不好，幸亏我们第一次丢的东西都不是非常珍贵和值钱。如果我们通过第一次的教训，就学会了保管好自己的财物，以后再也不会丢失任何东西的话，那这次教训就算是个很好的经历。"接下来，我们便开始一起讨论怎样保管财物不会出错，平时要怎样养成良好的整理习惯，要学会将重要的事情记录下来等。丢钱是一件负面事件，但在我们的共同努力下，它促进了我们培养认真细心的良好习惯，从而演变成了积极正面的好结果。

　　Toby是一个快乐阳光的小男孩，小时候他喜欢拿着玩具到小区花园去玩耍，希望跟别的小朋友交换玩具玩一会。一个夏天的傍晚，他拿着心爱的小汽车下楼去，看见一个拿着变形金刚的小男孩，他走过去对他说："小哥哥，我可以和你交换玩一下吗？"小男孩转身将他推倒在地上，走开了。Toby没有哭，爬起身走过来对我说："他不愿意！"我笑着对他说："你要知道，不是每个小朋友都愿意与你交换的，这是他们的权利和自由，所以当他们不愿意时，你也要开开心心去继续寻找其他小朋友，说不定愿意跟你交换玩具的小朋友拿出的玩具更好玩呢！就算今天没有换到玩具，也没关系，至少我们也锻炼了自己交朋友的能力啊！"他笑着点点头，开始继续寻找其他小朋友，我在旁边静静观察他，发现Toby遇到不理他的小朋友时，自己哼着歌悠闲地走开了。就这样，Toby锻炼得很坚强，很多小朋友表现出来的不友好，丝毫也影响不了他快乐的心情了。

　　Toby慢慢长大，情绪管理的能力就越来越高，就连学校里同学故意骂他他也不理会，他自信地告诉我："其实骂人是他们有些负面情绪要发泄，骂谁并不是他们的目的。他们骂人是他们的事情，是他们不开心，与我毫无关系，我做好我自己就好了！"Toby能有这样的心态，是因为他知道快乐是坚持自己的目标，快乐是对现实的知足。

　　这么多年的生活中，我和Toby努力保持积极阳光的态度，保持在很多事情面前学会换个角度看问题，养成了良好的积极思考的习惯，渐渐地，Toby的思维方式变得比我还要优秀了。记得一次周日在家休息，因为很久没有陪Toby去逛街了，所以特意抽空陪他去买衣服和图书。买完东西他非常开心，我们一起拿着物品走在路口，等待过马路的指示灯。这时红灯亮起，我们看见一个爸爸抱着儿子继续往前走，穿梭在来往的车辆中间，感觉非常危险。

我顿时感觉找到一个反面教材，于是一本正经地对Toby说："你看他不遵守交通规则，过马路闯红灯，多危险啊！"没想到Toby却对我说："妈妈，你可以原谅他吗？我想是不是他走过去时没注意到红灯啊？"他刚说到这儿，抱着孩子的爸爸在车流的逼迫中退回到了我们身旁，这时Toby说了一句深深触动我的话："妈妈你看，他们已经平安回来了，这样就是很好的结局了！"

这是一件在生活中常常遇到的事，可是我跟Toby两人看问题的角度截然不同，我是带着指责和批评去看待这个父亲的，跟我比起来他却有更多的包容和关心，我认真地思考着：如果那个爸爸听到了我和Toby的对话，我相信能让他改正错误、遵守规则的一定不是我这种指责的方法。生活和工作中，时常有人会犯错，如果每一个人都像Toby那样善良包容地看待问题，亲切地关怀、帮助犯错的人，一定可以给犯错的人承认错误、改正错误的力量。这次单纯可爱的Toby成了我的老师！我很幸福！

同样的事情，从不同的角度思考，就会有不一样的心情，自然产生不一样的状态。

我们是个单亲家庭，在常人的眼中都觉得很不幸，可是我却自我感觉良好，因为我看到的是事情的另一方面。首先，在这个家里只有我一个人教育孩子，没有来自不同人的不同理念，自然我就能将自己认同的方法贯彻到底，而Toby也不会因为大人们的思想分歧和混乱的教育方法而不知所措。在我独自带着Toby生活的过程中，我变得更加独立、更加认真、更加有激情去面对挑战，为了战胜各种困难，我努力学习和提升自己的知识和能力，实现了很多意想不到的突破，使自己的素质得到了全方位的锻炼，挖掘出了自己的巨大潜力。朋友们总是说我很能干，是个女汉子，其实很多人如果也经历了相同的事情，我想肯定会变得比我更强大和优秀。

一个人带着Toby的十几年里，我也碰到过很多令我崩溃伤心的事情，为了更好地适应生活，我不断学习情绪管理、职场减压等心理学知识，不知不觉中，把自己训练成了一个能帮助他人找到快乐的人。平日里，常常会受很多企业和团体的邀请，去讲授情绪管理、压力释放等知识，也经常会有很多好朋友因向我倾诉而得到了心理上的疏导，我通过尽心帮助他人收获了前所未有的快乐和成就。在一旁的Toby也受到了感染，他也能简单地说出很多心理学方面的知识。一次朋友聚会，大家无意间说起清明前后阴雨不断，这种天气会让人心情变得很糟糕，Toby居然认真地告诉大家："天气无论是阳光明媚还是阴雨绵绵，都是大自然的正常现象，而我们的心情是由我们自己把控的，跟大自然没有直接关系，只要随时保持积极阳光的心态，什么天气也影响不了我们啊！"他话音刚落，顿时得到了在场朋友们热烈的喝彩，当时所有人的心情仿佛都阳光起来。

　　人生有很多烦恼我们无法避免，人生有很多困难我们必须挑战，但世界却有更多美好需要我们用智慧的眼睛去发现。我们的人生无论是喜是悲，是福是祸，是失是得，都要坦诚接受，用最温暖的心带着激情去努力创造，我相信，一切的事物都会变得更美好，收获的幸福才会更加甜蜜。

　　换个角度看世界，美好多一些！

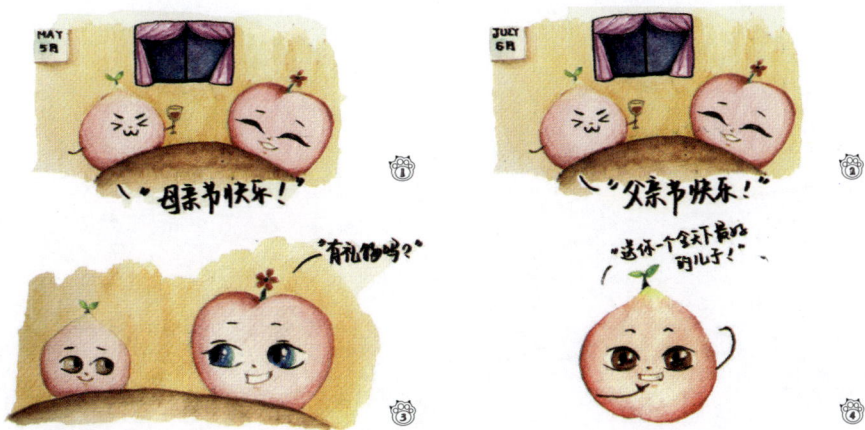

成长是一场
慢节奏的旅行

● 成长是一场慢节奏的旅行

"不要让孩子输在起跑线上！" 虽然大家已经不再相信和理会这句话了，但还是会有些父母忍不住做出"拔苗助长"的行为，在孩子年纪幼小时就急于灌输过多的知识，希望孩子的各项能力都能领先其他孩子，造就一个天才或神童。

人生不是短跑，也不是一场漫长的马拉松，因此没有人会赢在起跑时快的那一秒上。那么大家是不是真正理解，生命的成长就像自然界的万物生长，有着特有的规律，我们应该尊重自然造物这奇妙的安排呢？

春天开花，秋天收获，这是大自然的现象，而我们的孩子在每一个年龄阶段也有着特有的生长现象。在养育Toby的过程中，我尽可能地遵循着孩子身体、心智、个性生长不同阶段的规律，保证他每个时期都能身心健康地苗壮成长。

父母们对婴儿时期的饮食应该是最用心的，我观察身边朋友在孩子婴幼儿期时，都能科学地进行喂养，每一份食物都是按照营养需求精心准备的，尽可能地保证孩子获取成长所需的各种营养元素，这方面我也不例外。我跟大家有些不同的是，在孩子成长的过程中，我不太着急他什么时候开始说话，什么时候开始走路，只是按照我接受的方式去培养我的孩子。

当Toby会自己翻身后，我就在家里地板铺满了一层垫子，把他放在垫子这个开放的空间自由玩耍。由于地面放着很多缤纷多彩的玩具，他为了拿到玩具，慢慢地学会了爬行。爬行对孩子的大肌肉发育很有帮助，通过爬行还可以增强四肢的力量和协调性，促进大脑发育。Toby整天爬来爬去地玩耍，锻炼了四肢的力量和协调性，曾经在十个月大时参加社区爬行比赛，并获得第一名，虽然他那时并不懂得什么是比赛，但欢乐的气氛也让他跟着欢呼鼓掌，非常开心。Toby喜欢爬行活动，偶尔爬到沙发旁会扶着茶几自己慢慢地站起来，我并不会刻意地训练他学习走路，也没有给他买学步车，更没有辛苦地拉着学步绳弯着腰陪他走路。我看着跟他同年龄的几个孩子，每天由大人拉着在花园里学习走路，孩子柔软的小腿迈步迈得很辛苦，当然弯着腰的家长更辛苦。那几个孩子的确比Toby先学会走路，我只是有些奇怪，为什么其中一个孩子会走路却还不会爬。这仿佛就应了那句话："还没有学会爬就学走了！"

　　说来也奇怪，在Toby一岁生日的第三天，他像平日那样在地上玩耍，当他爬到沙发旁站起来时，我正拿着一个彩色的小球走进屋子，他看见我手中的彩球激动地朝我走了过来，我张开双臂抱住了走过来的Toby，这是他人生第一次放开手迈开脚步走出的五六步，就这样慢慢地，他五六步，八九步，一次次地进步着，向着他人生的旅途迈开了步伐。

　　每个孩子会说话会走路的时间不太一样，有时就会导致先学会的孩子父母开心地分享，没学会的孩子父母开始着急。其实，孩子的成长是一场慢节奏的旅行，我们应该保持平静的心态去期待他，迎接他。每一个孩子都是独一无二的生命，他们注定与众不同，所以没有可比性，我们需要的是尊重孩子，让他们自己的思想主宰成长。

　　Toby在进入小学前我的教育一直是很开放式的，目标就是让他尽情玩耍，除了他自己要求参加的绘画兴趣班以外，我没有给他增加任何学习的任务。其实幼儿在三岁至五岁这个年龄，孩子们正好处于由直觉思维向形象思维过渡的阶段，等到进入小学前逻辑思维才开始萌芽。我发现Toby在观看英文动画片的过程中，在色彩鲜艳、动作夸张的视觉呈现下，配合动听的音乐和读音，无意识间也学会了几个英文单词。

　　在孩子很小的时候就要求他们背诵古诗、学习数学，感觉上他们是比其

他孩子增加了知识量，殊不知我们用太多固化的知识去填满他们的大脑，反而影响了他们充满想象力和创造力的思维。况且待到正式入学后，经过几年的学习，他们又将跟其他孩子站在同一起跑线，并没有抢跑的优势。

让幼小的孩子开始学习芭蕾、轮滑等运动，孩子的骨骼还很脆弱，过早的训练反而会挫伤骨骼的生长。另外，幼小的孩子对一切新鲜事物都充满着好奇，所有的新东西都希望尝试，往往这些好奇心又会不断变化，兴趣的周期也比较短暂，如果我们过早地将他们带入各种特长班的训练和学习中，反而会扼杀了他们的求知兴趣。

我有个朋友的孩子非常优秀，整个小学阶段都认真地学习钢琴，并且在小学六年级时成功地考过了钢琴十级，当获得的证书帮助他以特长生的优势进入最好的中学时，他欢天喜地地让父母将钢琴搬出了自己房间，然后轻松愉快地说："太好了，我终于再也不用弹钢琴了！"其实，像他这样的现象在当今的教育背景下是非常多的。父母们希望孩子能通过很多方式顺利进入理想的学校，当目标实现后，那个所谓的兴趣就完成了使命，再也不受重视。

曾经，我还听到一个在奥数比赛得到冠军孩子说："我最讨厌的就是数学，更害怕你们整天跟我提奥数。"这何尝又不是将孩子的特长当成工具产生的结果呢？

我们在孩子成长的过程中，太早太急地增加了他们难以承受的知识和压力，让孩子们的精力早早地耗尽而后劲不足。所以当孩子们进入真正应该努力学习广泛知识、增强各项综合能力的大学时，反而没有那种迫切的学习冲动了。成功地考入大学也让父母们松懈下来，好像一切万事大吉，再也不需要强迫孩子学习了。可是，等孩子们大学毕业我们才发现，大多数孩子缺乏良好的行为习惯、优秀的品质和健全的人格，而这些都是他们需要通过学习补上的，而这些可以影响我们一生的思想行为和素质，却都是最应该早早在他们幼小的阶段去训练和学习的，我们大多数父母的的确确是本末倒置了。

初生的Toby咿咿呀呀，总是手舞足蹈地听妈妈不停唠叨；三岁的Toby学会了分辨七彩的颜色和多变的形状，喜欢自己开心地微笑；五岁的Toby擅长拼图和积木，愿意把心爱的玩具与小朋友分享；七岁的Toby能掌握好时间的管理，开始热爱自行车和游泳；十岁的Toby总是能自信表达，常常喜欢在家里为妈妈表演小品；十二岁的Toby懂得爱与包容，在他生长的城市里收获了众多亲人和朋友的爱和关怀。Toby的未来还有更多的知识需要学习，还有更大的奇妙世界需要探索，我和他都将保持这份激情和温暖，共同在甜蜜幸福的氛围里成长。

成长是一场慢节奏的旅行，放慢脚步才能细细欣赏沿途的风景；成长是一场慢节奏的旅行，踏准节奏才有温暖甜蜜的美好心情。

语言有不可忽视的力量

语言有不可忽视的力量

　　大人的世界别说孩子不懂，连我这个成年人也常常搞不懂。很多时候我也不明白，大人们喜欢说那些逗孩子的话，那样说有什么好玩的呢？又或是有什么意义呢？

　　我想大家小时候都有类似的经历，过去的父母常爱开玩笑说自己的孩子是从垃圾堆捡来的。我记得当年妈妈这样对我说时，虽然我根本不相信，但是心里依然既难过又害怕。难过的是不明白妈妈为什么要这样对我说，是不是因为她喜欢妹妹而不喜欢我了呢？害怕的是担心她真的有一天会把我扔掉。所以说，大人们简单的一句玩笑话，却会在不知不觉中给孩子们造成不同程度的伤害。

　　记得有一次去朋友家聚会，其中一个好朋友带着她一岁多的儿子过来玩，这个小男孩长得超级可爱，说话的声音也是萌萌的，大家都非常喜欢他。晚饭后大家坐在一起聊天时，孩子的妈妈去了洗手间，正在玩玩具的小宝贝突然问了其中一个朋友说："叔叔，我妈妈呢？"这个朋友开玩笑逗小男孩说："你妈妈走了，把你送给我了！"一句话犹如晴天霹雳，小男孩失声痛哭，吓得从洗手间出来的妈妈手足无措，赶紧抱着小男孩又是哄又是亲。小宝贝死死抱住妈妈不敢再松手，生怕一不留神，再也见不到妈妈了！大家开始责怪这个开玩笑的朋友，他心里也非常内疚，拼命地向孩子妈妈道歉，妈妈也只能说没关系，然后带着孩子离开了。就这样，一个开心的夜晚因为这件事早早宣布结束了。

　　这种事情在我们身边常常发生，大人们有时只为了好玩，无意识随口一句话却不知不觉地伤害到了孩子幼小的心灵。大多数时候我们真的是无法阻止和抱怨他人，所以作为孩子的父母，我们必须随时随地地关注着，尽可能地呵护他们内心的感受，努力化解他人语言带来的伤害。

生活中，有些玩笑是大人们故意为之的，而有些伤害却是朋友们无心的，那就更需要孩子的父母细致入微地去察觉了。

Toby十岁到十一岁这一年身高几乎没怎么长，几个亲戚的同龄孩子却都突然长得特别高，结果暑假期间大家一起玩耍时，很多朋友总是很热情地称赞着小伙伴们都长高了。可当他们回头看见Toby时，这个称赞当然不适合了，于是换作关心的语气对他说："你怎么没怎么长啊？是不是吃得太少了？要加油哦！"前几次Toby都掩饰住内心的不快，只是笑一笑不说话，经过几次后，他那勉强的笑容出不来了，只是淡淡地说："没办法，我就是个小豆丁啊！"朋友们也没有感觉到什么不妥，但我却能感受到了这些话语使他产生了自卑的心理，从而觉得非常不快乐。于是，回到家里，只剩下我跟Toby单独相处时，我便轻声地问他："大家问到你身高时，你是不是心里很难过啊？"他默默地点点头，我接着跟他说："每个小孩子生长发育的时间有些不同，前两年是你长得比较快，这两年是他们长得比较快，只有等到发育完成后，才知道大家到底长多高，也许将来你最高也说不准啊！"他听了我的话还是没有出声，我只好问他："你看妈妈个子是不是很矮啊？"他看看我不好意思地点点头。我又认真地问他："妈妈的个子虽然很矮，但是在工作和生活中，我的客户和朋友们有没有因此而看轻我、不喜欢我呢？"他坚定地回答说："没有。"仿佛有一点懂了我的用意，于是表情开始变得有些轻松起来。我继续提问："那他们为什么会尊敬我呢？"他想一想，认真地回答道："那是因为你工作很努力，很认真，对待朋友很真诚，很有爱心。"我用手臂搂住他的肩膀，温柔地说："谢谢你对妈妈的赞美！宝贝，就算有一天你真的长不了很高也不要为此不开心。因为只要你努力学习，认真工作，善待他人，大家就愿意支持你，会一直尊敬你，爱护你的。另外，不管你将来长成什么样子，在妈妈的心里，你永远都是最好的儿子！"他开心地对我说："谢谢妈妈，我懂了！"最后我们开心地给了彼此一个大大的拥抱。

我通过认真观察，了解到了孩子内心的变化，及时进行沟通和疏导，让Toby摆脱因为没有长高而带来的强烈的自卑心理和负面情绪，重新恢复了阳光快乐的状态。所以语言有不可忽视的力量，我们真的应该好好运用。

大多数家长都非常关注孩子的健康和学习，却不太关注孩子的情绪和心理问题，家长们会随自己的心情而改变与孩子交流的方式，心情好时耐心百倍，心情差时孩子加倍遭殃。与孩子们交流时，外人无心的言语伤害，对孩子的影响还可以通过父母的沟通化解，但如果这些伤害的语言来源于自己的父母，那对孩子的伤害将会是刻骨铭心的！

所有的人都不是完美的，更不用说孩子了。孩子们有时会很顽皮淘气，有时会很娇气脆弱，不一定对于父母的教育一讲就懂，一点就通，一纠就改。所以很多家长朋友们，在耐心值遭受极大考验的时候，总是情绪失控地将很多令孩子伤心的话语脱口而出。

例如：

男孩子大哭时，爸爸妈妈总是爱说："哭什么哭？男子汉流眼泪多丢人啊！"

孩子犯了同样的错误，父母感觉教育有挫败感时说："真是气死我了！再不改正错误我就不要你了！"

父母遇到很多烦心事，孩子却顽皮地在眼前跳来跳去时，便粗暴地说："走开，看到你我就心烦！"

……

我们大声说出来，负面情绪的垃圾是痛快地倒出来了，可是却把这些垃圾倒给了我们的孩子，在他们幼小的心灵留下了一个个大大小小的阴影，也许有些阴影随着孩子长大会慢慢消失，有些阴影却无意间成为他们心灵的一部分，终身也抹不去，造成永久的伤害。

　　有一个周末，Toby回来和我聊天说起宿舍里大家一起交流关于父母的事，大家都说是自己的父母打孩子比较厉害，只有Toby说从没有被妈妈打过，全宿舍的同学顿时惊呼："你妈妈是人吗？"是不是很滑稽？别说这些被父母打过的孩子了，就连我的朋友们也是如此。每次当我说起从来没有大声训斥过Toby，更没有出手打过他时，朋友们也觉得不可思议。

　　我和Toby的聊天总是很温暖，每次去学校接他放学，我总是先给他一个热情的拥抱，然后便非常关心地问他心情怎么样？他也总是毫无保留地将遇见的各种事情和问题告诉我，认真表达自己内心的想法，每次听完我也一定会说："谢谢你对妈妈的信任，让我能知道你的感受。"对于Toby表达的各种心情，我都会表示尊重和理解，并适时给予鼓励或是疏导。

　　我当然也从不拿他去跟其他孩子比较，"别人家的孩子"这样的说法就是最大的错误。我只是会让他自己跟自己比，只要努力地比自己上一次进步就是最好的改变。

　　我也不会强势地将自己的思想强加于他，"你有什么更好的主意""你这个想法比妈妈的更好"，这些语言给了Toby主动独立思考的动力，让他的思维更活跃、更开阔，而不会受到我太多的限制。另外，我最常说的一句话就是："有你这个儿子，我感到真幸福！"这句话让Toby很开心、很骄傲，从而使得他也变得越来越自信。

　　语言有着不可忽视的力量。鼓励的语言，让我们面对困难和挑战充满斗志；赞美的语言，让我们找到自信的来源；温暖的语言，让我们享受着被爱围绕的感觉；美好的语言，让我们的生活变得更加美好。

"好看"

"宝贝 这个帽子好看吗？"

①

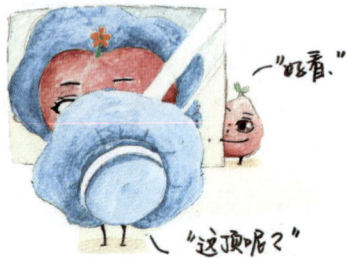

"好看"

"这顶呢？"

②

"好看"

③

"怎么每顶都说好看，那我到底买哪顶啊？"

"谁让你人长这么好看，戴什么都好看啊？"

④

小小蜡笔在手中

绘出的世界大不同

七彩的高山海上游

小草风中摇摆红彤彤

鱼儿飞上树梢头

星星太阳同在一片天空

孩子创意快乐自由

畅想世界神奇无穷

真诚面对孩子的内心

真诚面对孩子的内心

很多不同时代背景下关于家族争斗内容的电视剧里，总是能看到一位坚强勇敢、聪明智慧的母亲决定着家族的崛起和成功。母亲之所以伟大，就是因为她拥有吃苦耐劳、善良包容、坚韧不拔、无私奉献等美德。因此，孩子的成长离不开母亲全身心的陪伴，需要母亲柔软而有力量的宽广胸怀，去呵护他们那幼小的心灵。

很多时候，我们成人仅仅是看见孩子表现出来的行为，却很少真诚地关注孩子行为背后的内心。就像Toby小学时，学校运动会上班级间的拔河比赛他总是推脱不想参加，只愿意站在一旁呐喊助威。老师就找我谈话，说Toby没有集体观念，集体活动都不愿意参加。回到家里，我耐心地向他了解，他认真地告诉我："拔河比赛每个班级派20名同学参加，我觉得自己的力量不够大，我不参加是怕拖后腿，如果我退出换上一个力气大的同学，那我们班赢的机会就大了。"

如果不是慢慢地了解，我们怎么可能想象一个年纪这么小的孩子，居然会思考这么深层的问题。大人们觉得只是单纯的集体拔河比赛而已，并不清楚像Toby这样的孩子是如此在意集体的荣誉，反而不小心误会了他。

作为女性，母亲的观察和情感更为细腻，相比其他人，母亲更容易了解孩子的内心，关注到孩子指导行为产生的思想。但是，母亲又相对心地柔软，看到孩子遭遇挫折和困难时，总是很心疼，忍不住要去保护他，一旦分寸把握不好，反而会影响孩子心灵的成长。

期末考试结束后，我去学校接Toby时，感觉到他走出校园的那一刻并不是很开心，我猜是因为他的期末考试分数不理想。我走过去，像往常一样给了他一个拥抱，然后牵着他的手上了车。一路上，他不像平日里那么多话，我也没有急着去问他考试的成绩，我知道他需要安安静静的空间，去平复自己的情绪。我们每一个人面临失败时，其实都希望有个空间让自己静静地待着，舒缓自己悲伤的情绪和挫败的心情，孩子也是一样的。Toby没有考出自己满意的成绩，他内心也会有挫败感，还有很多担心，担心妈妈不高兴，担心被长辈批评等。如果我还着急地追问他，并对他的成绩指责和加以抱怨，不但会加大对他的伤害，还剥夺了他自我检讨的机会。

回到家里，他拿出成绩单给我看，我看了以后对他说："这个分数是不是让你很不开心？你是不是觉得自己可以考得更好啊？"他点点头。我接着对他说："考试分数不好有很多原因。有可能你上课不够专注，老师讲解的内容你没有完全听懂；也有可能你课后做作业、练习不认真，对于知识的复习力不够；还有可能考试的时候你紧张或者粗心，没有认真思考清楚题目。你觉得是哪一种呢？"他想了想说："我觉得是我平时写字不认真，练习写字的时间少，所以我写字太慢，考试时间就不够，交卷时匆匆忙忙的，没时间检查，甚至还有题目没做完。"我轻轻地拍拍他的背，对他说："我想你已经认真思考找到原因了，所以妈妈相信你会改掉这个缺点，加强练习写字，能够掌握好写作业和考试的时间，下次一定可以进步！"

让Toby自己舒缓心绪，我赋予了他内心成长的动力。同他一起认真地探讨，发现问题，我帮助他理清了思路。关注孩子的内心比关注事情表象的结果更重要。

从Toby出生至今，我从来没有动手打过他，其实在教育Toby的过程中，我也没有对着他高声喊叫过，大家总是说这是因为Toby太乖了。其实，每一个孩子出生时都是一样的，他们都是最纯净、最可爱的天使，所谓长大以后乖和不乖，那都是在不同的生长环境和教育方法下演变而成的。

在与Toby沟通时，我尽可能地给予他表达思想的机会，尊重他的不同见

解，并运用简洁而有力量的语言和他交流。每次我们讨论他犯的错误，达成如何改进的共识后，我都会说："这件事我们就谈到这里，接下来就要用行动来改变了。"说完以后我就不会再重复提及这件事情，更不会等下次他犯错又翻出来唠叨。有时候父母过多的批评和指责，只会让孩子反感，就算是声音一次比一次更大，孩子也会像没听见那样来应对，让本来就生气的父母更加怒气冲天。

孩子日常会遇到很多问题，家长总是喜欢立刻将事情完全解决，可是孩子幼小的内心还不成熟，有时候他们并不是需要我们帮助解决问题，家长把重点放在解决问题上，结果却事与愿违，越忙越乱。这时候需要家长先关注孩子的情绪，帮助孩子疏导完情绪后，再一起探讨如何解决问题，孩子才会欣然接受。

有一次朋友有事外出，请我帮忙照看她七岁的儿子。朋友刚刚离开我家，这个孩子就说要找妈妈，我温柔地对他说妈妈有事，办完以后很快来接他。突然他躺在我家洗手间门口一边哭泣一边打滚，正在打扫卫生的阿姨吓得不知所措。我蹲下身对他说："我知道你很想跟妈妈在一起，妈妈离开了你心里很难过，如果你真的很想哭，阿姨让你哭一会，然后我再过来看你。"说完，我就走到厨房，开始制作午餐。大概过了5分钟，我拿着纸巾走过去蹲下对他说："你先擦擦眼泪和鼻涕吧，哭了一会儿应该有些累了，你坐在洗手间的地上，会不会很难受啊？要不要坐在沙发那边休息一下？"他一边擦鼻涕一边看着我说："我还要哭的。"我笑一笑说："没问题，坐在沙发上哭会舒服点。"他果然站起身坐到沙发上，但是不再大哭大闹了，而是偷偷地望向厨房里的我。我立刻做出一副需要帮助的样子说："哎呀，你能不能帮助我剥一下毛豆啊？我一看就知道你很厉害哦！"他愣了一下，然后开心地走到厨房帮我一起干起活来。所以说，孩子的情绪是非常需要关注的，当他抒发完那些负面情绪后，只要不再提起让他尴尬的事情，鼓励他参与到积极的活动中，他很快就会调整好自己的状态了。

有时候，高声的喊叫抵不过温柔而有力量的语言，指责抱怨也没有父母的行为指导更有效果。我要求Toby养成阅读的习惯，我就先自己养成阅读的好习惯；我希望Toby有严谨的时间观念，我就遵守计划按时完成每一项任务；我认为多参与户外活动有益健康，我就会陪着Toby爬山游泳不怕累。由于所有的事情我都会以身作则，所以我要求Toby去执行任何事情他都乐意接受。我们一起慢慢成长，逐渐共同形成很多良好的习惯，在他的认知里，好像一切本来就应该是这样，最后才会呈现出大家认为的乖孩子的形象。

伟大的母亲有时候也需要展现柔弱的一面，如果母亲永远保持强势的状态，就会造成孩子的懦弱和不自信。在别人眼里我是个"女汉子"，可是在Toby面前有时候我也会扮演弱者。有一次，家里客厅的窗帘扣坏了一个，窗帘掉了一边垂下来，本来我可以自己修好的，我却等到周末Toby回来时对他说："你看窗帘掉下一边，怎么办啊？"他看了看，自己搬来梯子，拿着钳子爬上去，拧下坏的窗帘扣，换上了一个备用的修好了。我接着又说："你看灯泡也坏了一个。"他搬着梯子到吊灯下面，拿了个新灯泡，爬上梯子换了灯泡，然后像个小男子汉那样对我说："以后这些事情都由我来做就好了！"我适当的柔弱成就了Toby的坚强和自信，让他变得有责任有担当，所以妈妈们千万不要太强势哦！

只要我们愿意真诚地面对孩子的内心，就会发现孩子远比我们想得更优秀、更杰出，他们在很多方面比我们的思维更开阔，只要我们给出足够的空间，他们就会给我们意想不到的感动，只要我们愿意敞开怀抱去接受，他们就会让我们收获更多惊喜、更多快乐，感受到更多的爱和美好。

"妈妈，今天有个同学说他老婆对他太厉害了！"

"你们这么小懂什么老婆啊？"

"当然懂了！"

"老婆就是老外婆^^"

Name(妈妈):＿＿＿＿＿＿＿

Name(宝宝):＿＿＿＿＿＿＿

◷ 期:＿＿＿＿＿＿＿

——我们一起来动手吧！——

愛是真正的陪伴

爱是真正的陪伴

　　我的母亲曾因心疼我而对我说："Toby在老家跟你妹妹的儿子一起不是很好吗？两个小朋友有个伴，在家里既有人帮忙照顾孩子，又能省很多学费，你的压力就可以减轻很多了啊！"我当然知道这样安排对于单亲的我们来说也挺合理的。在幼儿园阶段曾让Toby离开我生活，那个时期我的确是力有不逮，留他在身边的益处远远少于在老家。而当我决定接他回来时，就再也不想让Toby在成长阶段离开我了。

　　我对Toby的爱其实跟所有母亲一样，那就是全心全意地陪伴他成长。Toby从出生到三岁那段时间，家里有位非常好的阿姨一起帮助我照顾他。但当我下班后，Toby的一切事物我就不再麻烦阿姨，而都是由我亲自料理。每天做早餐、晚餐，看书讲故事，唱歌玩游戏，洗澡哄睡觉我都亲力亲为。阿姨对我说："你白天工作很辛苦，晚上带着他睡觉，他翻来翻去踢被子，会影响你休息，还是让我带着他睡吧。"我很感谢阿姨的理解，但还是对她说："就是因为白天忙着工作没有陪伴他，晚上就更不应该放弃照顾他的机会了！"

　　Toby小学时就开始上寄宿学校了，当时很多朋友都说我太狠心了，这么小就让他加入集体生活，每周能陪伴他的时间也太少了。我何尝不希望每天都能陪伴他，但是我必须认真投入地做好每一项工作，努力地创造条件才能使我们有美好的生活。既然不能每天都陪伴着他，那我就更要珍惜和他在一起的每一分钟，让我每一刻的陪伴更加温暖、更加有价值。

　　从Toby寄宿开始，每个周末除了朋友们家庭间的聚会，其他活动我几乎从不参加，尽可能全心全意地陪伴着Toby。实在万不得已有工作安排，我也会带着Toby一起，哪怕只是让他在一旁看书静静地等待，也希望他感受到妈妈的陪伴。

在如今这个移动互联网的时代，很多陪伴和相聚都显得那么的苍白。家长们好像是每天都陪伴在孩子左右，却很少交流和沟通，在很多场合，几乎都是孩子自己玩平板电脑，父母埋头玩手机。朋友们的聚会，大家欢坐在一起，却以拍照、发社交网络、盼点赞替代了聊天。而我和Toby在彼此陪伴时，我们都认真投入，这样的陪伴融入了我们之间浓浓的爱，使我们彼此都非常享受每一个周末，每一个假期都是美好时光的相聚。

每个周末Toby回来，我尽量做到亲自下厨，制作很多色香味俱全的美食给他吃。只要他想吃的喜欢吃的，我都认真学习制作。他甚至很开心地买回很多食谱，看中的美食就用彩色笔勾画起来，然后我陆陆续续按照食谱制作给他品尝，所以他说他最喜欢吃的就是妈妈做的温馨家常菜。

有一年Toby的生日正好是周六，下午我到学校接他放学时对他说："宝贝，今天是你的生日，我们一起庆祝一下，妈妈请你吃饭，你想吃什么啊？"他神秘地笑一笑说："我想吃全世界最好吃的东西！"我很疑惑地问他："什么是全世界最好吃的东西啊？"他得意扬扬地说："我妈妈做的就是全世界最好吃的！"一句话说得我心花怒放，兴高采烈地回家撩起袖子下厨为他准备晚餐，陪着他享受了一个属于我们母子俩的浪漫生日宴。

相对于现在的孩子们，Toby应该算是一个能控制自己玩游戏时间的孩子了。这个优点除了源于他守时自制的好习惯以外，还源于他个人的兴趣爱好比较广泛。他平日里除了喜欢玩游戏，还用手机听音乐，用搜索引擎查一些不知道但想了解的知识。他还喜欢每个周末去看一场最新的电影。他更喜欢滑板、骑自行车、游泳、旅行等户外活动。拥有这么多的爱好，他的关注点就不会只聚焦在游戏上，这里面当然也有我很大的功劳。

从小到大，每个周末我们都尽量看一场电影，逛逛城市的商业中心。当然不只是逛逛这么简单，我带他去北京路时，会一起观看北京路重点保护的千年古道，一起追寻那段历史，增长丰富的历史知识。有时候也会到附近的郊外或者公园去活动，爬山、骑车、呼吸大自然的清新空气。一次他在中山骑行了14公里，我虽然不会骑自行车，但我也努力地跟随他骑车的方向走完了全程，他在终点等候我到达时，那激动和赞赏的目光就是给我最好的回报。

在条件允许的情况下，我们还会安排丰富的旅程。上海世博会、香港迪士尼、新加坡环游等，每一次旅行我们都会事先进行旅行计划，各地的文化、风情、著名景点、交通住宿等我们都会提前熟悉，并将每一天的日程安排进行细化，认真地按照计划去旅行。

我们的每一次旅行都是自由行，手握一张地图就能到达心中的目的地。在旅行中，我们能走路坚决不乘车，能乘公共交通工具时坚决不乘出租车。每一天我们都会走很远很远的路，但是Toby从来不喊累，很多时候外面的饮食他比我更能适应。我教会他向当地人问路，教会他看地图买地铁票，通过买票、点餐、乘机等过程锻炼了他与人交流、大胆沟通的社交能力，使他在外变得大方自信、礼貌得体，成为活泼开朗、惹人喜爱的孩子。

很多好朋友总是拿Toby跟自己的孩子比较，常常责怪自己孩子太爱玩游戏，没有Toby活泼好动。其实，这样拿孩子比较对自己的孩子而言是最大的伤害，想孩子不沉迷于游戏，作为父母也应该积极陪着孩子找寻更多有意思的活动。

记得有一次朋友们家庭聚会，大家的目的是带着孩子走出屋子，到郊外去活动。于是，我们准备了很多食物，大家开车去了很远的郊外集体烧烤。当我们热火朝天地烧烤、品尝完美食后，家长和孩子们又开始人手一部手机或平板电脑玩起游戏了。我对孩子们说："我们到郊外的目的就是走进大自然啊！如果继续玩游戏，还不如在家呢！"孩子们一起问我："去哪里玩啊？一直坐在这里多没意思。"我又对家长们说："我们一起带孩子们去找找有什么好玩的吧。"家长们却对我说："好累啊！又热又晒，懒得走。"最后，经过商量，由我一个人带着十几个孩子出发了。

我带着孩子们走过农家的苗圃，穿过林间小道，走了大概3～4公里，我们来到了一个清澈的湖边，突然发现湖边有水上自行车出租，孩子们欢呼雀跃地分组进行了一个小时的水上自行车体验。然后我们到草地休息喝水时，还一起摘小草、野花编织了草帽和花环，大家玩得非常开心。回程时，我们计划走的近路上有一堵小围墙挡住了去路，我又带着大家顽皮地翻墙而过。后来朋友们听孩子说起，都说我不像一个家长，简直跟孩子一样调皮捣蛋。在这次活动中，孩子们友好互助，年纪大的哥哥姐姐照顾年纪小的弟弟妹妹，在没有网络游戏的陪伴下，孩子们也同样玩得非常开心。所以说，只要父母们也能告别懒惰的"宅"生活，孩子们自然就不会整天沉迷于游戏中了。

我和Toby当然也会有周末宅在家里的时候。周末宅在家里，我们也不会睡懒觉，而是一大早起身大扫除。然后看书学习，做做美食，一起遛小狗散步，一起听音乐学唱歌，看综艺学跳舞，也会适当玩玩游戏。总之，我们不会一直躺着或者一直坐着，每隔2～3小时，我们就会起来活动筋骨，一起聊天开心互动。这样的陪伴，让我们母子的感情更加深厚，彼此更加珍惜在一起的欢乐时光。

Toby已渐渐长大，在他的快乐成长中，我最爱的就是陪伴着他投入各种活动中去，一起玩耍，一起学习，一起旅行，一起去探索世界的新奇和美好。每一分每一秒的陪伴我都非常珍惜，能将工作外的时间全部投入在对他的陪伴中，就是我生活中最幸福、最快乐的事情。

"儿子，你早餐吃什么？"

"面条～"

①

"儿子，中午吃什么？"

"面条～"

②

"儿子为什么一日三餐都吃面条啊？"

③

"我想长成面条那样，又细又长！"

④

排排坐，吃果果

你一个，我一个

春天开花，秋天收获

与人分享，才最快乐

我和孩子是
无话不说的好朋友

我和孩子是无话不说的好朋友

　　我感觉自己是一个话特别多的妈妈。从Toby还在肚子里时，我就每天对着他不停地说话、讲故事。出生后，对着咿咿呀呀的小Baby，我也是从早说到晚，根本不担心他听不明白。也许正是这个原因，Toby学会说话比较早，长大一些后他也是个小话痨。

　　Toby还是个小婴儿时，我每天无论做任何事情都对着他絮叨。我帮他洗澡时就会说："宝贝洗洗头，洗洗手臂，洗干净全身，就是个香宝宝！"我帮他按摩时就会说："摸摸小肚肚，揉揉小胳膊，拉拉小脚，快快长高。"那时候，连家里的阿姨都说我像个神经病，整天自言自语，也不管孩子听不听得懂。

　　当Toby学会了说话，可以跟我沟通开始，我们就养成了一个习惯，就是每天睡觉前，我们一起躺在床上聊天。我们会把当天所经历的事情回忆一遍，一起说说今天做得最好的，检讨一下我们做得不足的，分享彼此觉得最开心的，把感到不开心的事情重新描述，想办法从不开心的事情里寻找我们的收获。

　　例如有一天我们跟朋友们聚会回来，睡前聊聚会的趣事时，我先对Toby说："宝贝，今天的聚会来了这么多妈妈的好朋友，难得我们聚在一起，大家还带着自己的孩子一起来玩，简直是太热闹、太开心了！"他点点头说："今天的人真多，小朋友也多，只是小朋友们都埋着头玩游戏，不跟我说话。"我接着说道："小朋友没空跟你说话，可是叔叔阿姨们都喜欢跟你说话啊！"他很开心，继续说着："是的。他们都夸我有礼貌，还说我嘴巴甜，会说话。"我笑着抱抱他，并赞美了他几句。他想了想又说："妈妈，为什么每个小朋友都有一个平板电脑玩游戏，而我却没有呢？"我耐心地对他说："大家都有的东西，不一定我们就必须拥有，我们想要的东西是对于我们来说有用的，而不是跟别人比较才买的。你能不能告诉我，为什么叔叔阿姨都夸你会说话啊？"他认真地想了一下说："可能是我没有玩游戏，我一直在陪大家聊天吧！"我顺势往下说："对了，因为你没有平板电脑，所以没有整天抱着电脑玩游戏的习惯。如果你也有一个平板电脑，每天都只埋头玩游戏，那么你说话的时间就变少了，说得少自然就不太会表达了。所以我们没有平板电脑反而是一件很好的事情呢！"听完，他开心地表示认同，我们就带着这种幸福的感觉进入梦乡了。

像这样每晚总结性的聊天我们一直坚持着，直到Toby开始到自己房间单独睡觉，然后又进入寄宿学校后，我们的睡前聊天就只能改成一周一次了。随着他年龄的增长，我们聊天的内容也越来越宽，越来越深入，有时我们还会特别地进行主题性聊天。

我从来没有把Toby当成什么都不懂的孩子，我觉得如果那样想，只能说明我们大人还不真正了解孩子，太小看了孩子们的理解能力和对事物的独特看法。

我和Toby讨论的主题很广，既有关于情绪管理、社会责任、奋斗和梦想类等积极而有力量的话题，也有关于亲人、朋友、老师等温暖朴实的话题。也许有人会觉得我们聊的话题太杂乱了，对我们的生活学习不会有太大帮助。但是，每一次认真的聊天，都让我和Toby的心灵得到一次成长。

记得有一次Toby对我说："妈妈，将来我长大赚钱后，要开一间孤儿院，帮助照顾那些没有妈妈疼爱的孩子，让他们也感觉生活很温暖。"Toby的一句话，打开了我们关于"公益"这个话题的匣子，就这个话题我们两个上网查资料，一起探讨交流，整整用了两个小时的时间。

首先，我们上网去了解很多在做公益的人和公益项目，看到了很多人在公益这条道路上遇到的压力和困境，在全面了解公益的困难后，Toby得出了结论："做公益不是一件心血来潮的事情。公益既需要强大的资金，奉献个人更多的时间，还要长期保持那颗充满爱和温暖的心，这一切的确很难让人付出和坚持。"然后，我给他说了很多默默坚持奉献爱心的人和故事，也说了那些利用公益制造话题吸引眼球的案例，我问他哪一种是他认可的。他毫不犹豫地回答说："我觉得公益应该是帮助真正需要帮助的人，而不是付出了就要大家都知道。如果帮助那些残疾、贫穷、有疾病的人，还要把他们的事情公布给大家，那么他们会多么伤心啊！"Toby懂得要尊重隐私，保护受助者的自尊心，只是他还没有办法用准确的语言表达出来。我就把他的意思重新表达，对他说："你说得非常好！无论是多么贫穷，多么无助的弱者一样都有自尊，因此他们也应该受到大家的尊重。愿意帮助他们是伟大的，但是利用他们的弱小来宣传自己的伟大，那么公益真正的意义就失去了。"后来，我们一起谈起了未来该如何做公益。我们认为不一定要等赚到很多钱才能做公益，因为爱心付出不在乎大小或者多少。我们也认为爱心不一定非要立个项目昭告天下，力量薄弱的我们，发现需要帮助的人，只要我们力所能及就可以行动，哪怕是一点点的支持，都代表了我们爱的付出。通过一起聊公益这个话题，我感受到了Toby心灵深处的那份温暖和善良，一个愿意付出爱心、愿意相信美好的男孩，将来一定是一个阳光型的好男人。

我和孩子是无话不说的好朋友。他愿意把在学校发生的一切都与我分享，我喜欢告诉他我一周的工作经历，我们相互理解，相互信任，彼此鼓励。每个周末开车到校门口接Toby，一路上他都会滔滔不绝地聊起学校的事情。不管是受表扬了，还是挨批评了，他都会如实地告知我，从不隐瞒。他会告诉我由于上课走神而被老师批评，篮球训练时顽皮被教练惩罚，吃饭太多只能换个窗口打饭，晚上宿舍里男孩们会聊起一些恶心的话题等，真正的是无话不谈。当然，对于我工作上的事情他也非常关心，有时候听说公司要参加某个项目投标，第二个周末他一定会问我是否赢得项目。我如果赢了，他会跟我击掌庆祝。我如果输了，他会问："为什么你输了呢？"我也会真诚地告诉他："虽然我们全体同事已经很努力地准备了，但可能另外的公司比我们更努力，还有可能客户不是很喜欢我们的策划风格。"他就会安慰我："没关系！你下次一定要多了解客户，做好准备。加油努力哦，妈妈，你们一定会赢的！"

很多朋友羡慕我和儿子关系如此亲近，有人还开玩笑说："果然是你上辈子的情人啊！"其实，每一个父母不要简单地站在成人的角度要求孩子，急功近利地逼迫孩子，珍惜陪伴孩子的每一个瞬间，孩子又怎么可能不愿意与父母相亲相爱呢？只要我们愿意付出时间、真诚、耐心和信任，都会收获到孩子最真挚最纯洁的情谊。

我和孩子是无话不说的好朋友。我们在一起谈天说地，快乐交流，每一次交谈都赋予了我们心灵成长的动力，每一次谈话的内容都会永存在我们的记忆里。

我们说朋友是人生道路上一辈子的财富！

我们说亲人才是奋斗拼搏的坚强后盾！

我们说生命是世间最宝贵的东西！

我们说不要陷入情绪的泥沼快乐会多一些！

我们说只要发挥想象就会发现另一个奇妙的世界！

我们说改变不了环境就调整心态去适应！

我们说懂得感恩、努力创造、相信美好，就会找到幸福！

我们说……

HAPPY BIRTHDAY

Name(妈妈): _____

Name(宝宝): _____

日期: _____

——我们一起来动手吧！——

遇见适合孩子的
老师是一种幸福

遇见适合孩子的老师是一种幸福

在孩子的成长过程中，上学也许是最让家长们精疲力竭的了。幼儿园、小学、中学到大学都考验着家长们的能力、耐力和财力。

家长拿着小板凳通宵排队，为的只是能获得进入幼儿园的宝贵名额；背负压力，贷款购买昂贵的学区房，就是希望孩子进入心目中最好的小学；牺牲周末，寻找名师进行各科补习，总是担心孩子考不进理想的中学……家长们所做的一切都是奔着名校去的！

其实，无论是什么级别的学校，无论是多么优秀的老师，能遇见适合孩子的老师都是可遇而不可求的。我们目前的教育还是应试为主，老师们都有着考试分数任务的压力，因此很难做到尊重每个孩子的个性发展，保护孩子的创意思维。大多数老师还是希望学生们都能乖巧听话，按统一的要求进行学习和生活的。

从幼儿园到小学六年级，Toby总共经历了八个班主任，几乎是一年一换，这对于他也算是一个极大的考验。

记得Toby回到广州刚上了两周幼儿园，他就哭着喊着怎么也不愿意去上学了。那时的他并不是三岁刚入园的孩子，在老家他上过三年幼儿园，已经非常适应了，怎么突然害怕去幼儿园了呢？我同意先让他在家休息两天，安抚了他的情绪，然后耐心地向他了解原因。他告诉我他午睡睡不着，自己就会在床上翻来翻去，老师应该是担心他影响其他小朋友，于是罚他站在睡房门口，每天中午基本上都要罚他一个人站在门外一个多小时，因此他非常不想去上幼儿园。

大多数小男孩给人的感觉是精力过剩，如果白天的活动量达不到身体机能的需求时，那么他们就会上课坐不住，午睡睡不着，在家里上蹿下跳、蹦来蹦去，让大人们感觉头晕眼花，最后就给他们贴上了"调皮捣蛋"的标签。

我想Toby幼儿园的这位老师就是觉得他是个调皮捣蛋的小男孩，再加上老师在幼儿教育上缺乏经验和耐心，因此她只会采取这种简单粗暴的体罚，并没有找到更好的方法解决问题，反而使孩子产生了严重的抵触情绪。相比之下，同样是午睡问题，Toby小学时遇见的一位班主任处理得就非常温暖有爱了。

有一个周末接Toby回家的路上，他跟我聊起了午睡又睡不着的事情，与幼儿园又哭又闹不同的是，这次他很开心。他对我说："这几天我中午睡不着，廖老师就把我叫到她办公室，拿一本很好看的书给我，让我坐在她身旁读书给她听。那本书的故事很感人，读着读着我都感动到快哭了，但是故事结局还是很美好的。书里有些不认识的字，廖老师就教我，她一直陪着我，感觉她也好辛苦，下周我还是尽量好好睡午觉吧！"老师用读书增进了跟Toby的感情，成了知心朋友，让Toby午休的时间没有浪费，最终还潜移默化地让他认识到了问题，并自愿听老师的话，这才是懂得孩子并用心对待孩子的好老师。

Toby小学一年级的班主任非常年轻，但她教育孩子的理念却是传统和保守的。她总是希望用各种规矩来约束学生，而刚刚从幼儿园进入小学的孩子们却很难适应，小朋友们上课坐不住，下课打打闹闹，老师没有办法管理好这些年幼的孩子，最终她就只能运用最擅长的招数——打电话向家长投诉。

有一天下午我接到老师的电话，电话里她说道："今天Toby犯了严重的错误。他居然把树叶放入班里每一个女同学的水杯里，这种行为的性质很恶劣，我就让他一个人站在操场上接受惩罚，放学你接他回家后好好教育一下吧。"接了电话，我礼貌地答应老师会好好跟Toby谈谈，但心里却有些不开心，毕竟Toby只是一个一年级的小学生，就算是他有多顽皮，老师也不应该

用这样的表达方式跟我沟通。我照常到学校接Toby，没有急于向他询问这件事情，而是像平时一样跟他轻松地聊天。聊着聊着，他自己就说起了树叶的事情。他有些沮丧地跟我诉说道："妈妈，春天到了，我看见小树的树叶长得嫩绿嫩绿的，想到用来泡水应该很养颜，就摘了很多给女同学们泡水。老师知道了后，说我是坏孩子，她发脾气罚我站操场，我好难过啊！"我蹲下身安慰他说："你是不是觉得自己是好心，却被老师批评了，很伤心啊？"他默默地点点头。我接着又对他说："妈妈觉得你的想法挺棒的！你什么时候也能给妈妈泡一杯啊？不过，树叶在泡水前是不是应该洗干净呢？还有，你知不知道有哪些树叶可以泡水，哪些不能呢？不是所有的树叶都像茶树的叶子那么好喝的。有的树叶甚至还有毒呢。"他听了我说的话，注意力就转移到研究树叶了。我们回到家，就一起上网查查有关各种茶树的知识。通过了解很多茶的种植和制作工序后，他也认识到自己泡水的方式不正确，并不是所有的绿叶都能泡水，更不是将叶子摘下直接就能泡水的，于是他决定第二天去向女同学们说明，并认真地致歉。

很多时候，孩子做出的事情，站在我们成年人的角度看也许是不合理，甚至是错误的，但是我们不能因此而忽略孩子做事的初衷。孩子的世界是单纯而美好的，我们要用心去发现他们每一个行为背后的思想，保护他们善良温暖的心灵，并通过引导启发他们学习和探索，从而做出正确的行为。

Toby从小就有阅读的习惯，对于他所阅读书籍的种类我也没有限制。他阅读的书籍包括漫画、小说、自然科学、笑话等，也正因为如此，他的知识面相对较宽。有一次我带着他一起参加朋友聚会，晚餐后大人们坐在一起聊天，Toby则坐在一旁看他随身带着的小说。其中一位长辈笑着对他说："你这个年龄就已经看这么厚一本小说了，作文一定写得很好吧？"他却叹叹气说："这个学期我的作文一直都只有C，那就是不好了！"长辈接着问："你都写了些什么啊？为什么只得了C呢？"他想了想，开始讲述曾经写的一篇作文

《20年后的家乡》。

他的作文中大概有这样一些内容：由于人类对地球的过度开发，导致地球无法承受这些压力而爆发。地震、雾霾、洪水、火山爆发等自然灾害不断，我们人类每天都要戴上防毒面具才能出门。后来，科学家们发现火星有适合人类生存的自然环境，于是世界各国就进行选举，决定选出一些对世界做出过巨大贡献的优秀者送往火星。最后，Toby写道：20年后，我的家乡在火星。

在场的朋友们都对他的文章赞不绝口，大家一致认为Toby的想象力很丰富，不理解老师为什么会给这样一篇文章打出C的成绩。Toby却告诉大家，老师觉得优秀的作文内容都是20年后家乡如何美好和幸福的类型。接着Toby连续说出他完成的好几篇命题作文给大家听，每一篇写作的内容和风格的确都是超出常规，是大家无法想象到的内容，如果不是思想很开放的老师，应该都很难接受和理解，所以作文分数不高也是正常的。然而，作为他的母亲，我需要保护他这种无拘无束的想象力，为他这种独特的思维树立信心。我认真地对他说："Toby，妈妈觉得你所写的作文内容真是与众不同，我非常喜欢。我觉得只要是经过你认真的思考，发挥自己超凡的想象力而创作的故事，无论最后老师给出怎样的分数，妈妈都会永远支持你！"

每个学校都有各自的教学优势和特点；每一位老师也因成长的背景、知识结构的不同以及个性特点差异有着不一样的教学风格；一个班里几十个学生，每一个学生都有独特的性格和思维习惯，因此一个老师的教学风格不可能适合全班每一个学生。对于我们家长和孩子而言，能遇见一个适合孩子个性的老师那真是一种幸福。

从幼儿园到小学六年级，Toby的班主任加各科老师差不多有二十几个，教育风格适合他、他非常喜欢的老师也仅仅只有两三个。面对各种教育方式，我一直都尊重老师们的安排，礼貌听取老师的意见，但对于老师的投诉，我从不急于批评Toby，听风就是雨。我从心底信任自己的孩子，每一次都认真

了解他内心的想法，理解他的感受，给予他来自母亲的支持和关爱，让他能够快乐地面对挑战，保持强烈的求知欲，享受学习的乐趣。

我们没有办法改变老师的教学方式，更没有办法改变当今的教育制度。我们能做的就是理智面对孩子的教育，科学地调整孩子的心态，让他们学会正确接受学校的各种教学要求。同时，用我们父母最强大的爱去支持和保护孩子们的创造力和想象力，共同成长，一起努力迎接美好的每一天。

养宠物培养耐心与责任

养宠物培养耐心与责任

Toby从小就喜欢小动物，尤其喜欢小狗，五岁时就说想要养一只可爱的小狗。由于他年纪还小，连自己都还需要大人照顾，当然没办法照顾小狗，而我更是工作、孩子、家庭分身乏术，另外还担心小动物带来的病菌会影响他的健康。我耐心地向他说清楚了这些理由，婉转地拒绝了他的要求。

每次见到别人家养的小狗，Toby总会热情走过去跟狗狗打招呼，熟悉一下，他就大胆地摸摸小狗，开心地跟狗狗玩耍起来。他也从未放弃想要养狗狗的愿望，总是抱着希望向我提出请求。终于在他八岁那年，我答应在家里养一只小狗，条件是买一本关于养狗知识的书籍给Toby看，看完以后，我以这本书为参考，他必须回答出我提出的所有养狗的疑问。他欣然接受了。

Toby用一周的时间认真看完了关于养狗知识的书，且对于我的提问对答如流。我当然就要开心地遵守自己的诺言。在准备养狗前我们还一起看了关于狗狗的电影《十个约定》，电影中的狗狗忠诚可爱，最后在狗狗离世时，我们都流下了感动的眼泪。这些准备都是我希望让Toby能够用心去感受，养一只狗不是单纯的兴趣，而是要为狗的一生负责，因为我们将是狗一生唯一的依靠。

当各方面都准备好之后，我们就开始一起讨论养一只什么品种的狗了。显然大型犬不适合我们，我们居住的房子面积不大，个人力气也不够，遛狗时肯定拉不住，况且大型犬的食量也会增加家庭经济压力，于是我们决定从小型犬里面来挑选。吉娃娃虽小但脾气大，由于没有长毛而容易患皮肤病；沙皮狗虽然搞笑可爱，但是体味太大；博美犬长相可爱，却总是掉毛。最后，我们选择了在全世界的狗中智商排名第二的贵宾犬，Toby还给他起了一个名字叫大吉，从此，我们家多了一个可爱的成员。

　　说到这里，很多家长会说："小孩子说养狗，往往到最后这些麻烦的事情还不是落在家长头上！我们就是预想到这样的结果，才不答应孩子的要求啊！"的确，Toby平时要上学、写作业，能照顾狗的时间非常有限，只有周末回到家，他才会陪伴狗，帮助照顾狗用餐和散步。所以，大吉的到来，就像我又多养了一个儿子，但是我觉得这些辛苦是值得的。

　　当然，对于Toby的很多要求我不会有求必应，我会认真地跟他一起分析这个要求的合理性，而且很多要求我会设置一些条件，让他学会很多事情必须通过自己的努力而获得，就像要养大吉，他就必须看完一本书，学会如何照顾狗的知识才能实现。接下来的日子就是通过小狗来训练Toby的耐心与责任。

　　记得大吉刚刚到我们家时才一个多月大，身体小到我一只手就能托起，由于天气较冷，我们在他的小窝里放了迷你电热毯。Toby周末回家后就会帮我照顾大吉，定时将大吉抱出小窝，教他找到狗厕所，训练他习惯在固定地方拉屎拉尿，还学会用开水泡软狗粮喂大吉，定时抱大吉去宠物医院打疫苗。

　　Toby是个有些洁癖的孩子，以前走过有异味的地方总是会作呕，更不用说要让他拿报纸捡狗便便扔垃圾桶。所以刚开始我并不急于逼他完成这个任务，只是让他陪着我一起遛狗，狗的便便全是我去捡，有时候看见路中间有其他狗的便便，我也会走过去用报纸捡走扔垃圾桶。他非常惊讶地说："那不是大吉的便便啊！你还捡，好恶心啊！"我笑一笑说："有些人可能没有好的养狗习惯，但也只是少数人，其实我也觉得很脏，可是又担心在路中间容易让人踩着，踩着的人肯定会很不开心，很可能从此讨厌养狗的人，我顺便捡一下，就能预防这样的事情发生，至于觉得恶心，那就回家好好洗洗手就行了！"从那天起，遛狗时Toby也会鼓起勇气拿报纸帮大吉捡便便了。

　　大吉成为我们的家人已经两年，Toby上学周末才能回家，而我的工作很繁忙，所以大吉几乎每天都是单独在家里待着，有时候我出差几天，把大吉

寄养在宠物店，接回来时他会激动得泪流满面，这让我很不忍心，于是琢磨着给他找个伙伴。

我们非常幸运，正好有个好朋友发微信，说有只可爱的雪纳瑞小狗想找个人家，我高兴地把他接回了家，就这样我家又多了一个"儿子"，真是心想事成！大吉终于有了个伙伴，超级可爱的小雪纳瑞Summer。周末Toby回家，看到多了一个弟弟，高兴得跳了起来！经过我们认真的训练，两只小狗都养成了非常好的习惯，从不在家撒尿拉屎，也从不乱咬家里的东西，甚至连我的口令也能听懂很多。善解人意的两只小狗也会有不同的表现，聪明活泼的大吉和憨厚老实的Summer形成了鲜明的对比，让Toby哥哥非常疼爱他们。

为了让养了两只小狗的家里仍然保持清洁，我几乎每隔一天就会用消毒水拖一次地，每隔几天就用消毒水擦一下家具桌椅，包括洗衣物和床上用品时也会加入消毒水。两只小狗也每周去宠物店彻底清洁一次，还要阶段性进行体内体外驱虫，每年定时打疫苗。朋友们都说我疯了，工作和养儿子已经很辛苦，还给自己增加这么多负担。其实，我觉得是两只小狗给我带来了更多的快乐，就连我的微信朋友圈晒出的都主要是我家"三个儿子"，吸引了很多喜欢小狗的孩子们关注我的信息，随时能看到狗狗的新照片成了孩子们美好的期待。

我和Toby也非常注意养狗文明，乘坐电梯时，只要有其他人乘电梯，我们都会让别人先走，除非碰到喜欢狗的人主动邀请我们一起乘电梯。遛狗时我们总是用绳子牵着，遇到喜欢狗的小朋友，我们也会拉着狗保持距离，以免不小心吓着或者伤着他人。Toby从中慢慢懂得，自己喜欢的事物，不可以要求别人也喜欢和接受，开心做自己的事情的同时，也要尊重别人的感受。

这几年，我从来没有唠叨过Toby，没有责怪他要养狗害我很辛苦之类的话。提议养小狗的是Toby，满足他意愿的是我，所以养小狗这件事是我们共同的责任，而且Toby从来没有偷过懒，只要他在家就会跟我一起大扫除，会照顾小狗的吃喝拉撒，全心全意地把大吉和Summer当作自己的弟弟来教导。

很多时候，我们在网上看到国外许多家庭中，可爱的孩子们与狗狗共同成长的照片，那画面让我们总是感觉到很温暖、很有爱，那份美好总是让人很期待，可那份责任却让很多人望而却步，只是我更愿意为了美好去接受这份责任，与付出相比，我的收获更多。

在与大吉、Summer一起生活的日子里，Toby学会了照顾弱小，懂得了责任与付出，变得更加勤劳和细心，他的心变得更宽广和包容。而我得到了两个忠实的小宝贝，每天守候着我的他们带给我的是幸福和感动，让我的家更加温馨和欢乐。

快乐不是天上掉下的，是我们用心去营造的；

幸福不是比较出来的，是我们用爱去体会的。

"吃饭了！"

和和美美

115

竞赛的过程
在于用心付出

竞赛的过程在于用心付出

　　不知道从什么时候起，孩子们的各种竞赛变成了家长们竞争的另一个战场。

　　前一段时间，有个朋友说起他儿子参加校外的奥数比赛的事，他在考场门口等儿子出来时，听到一位小男孩告诉自己的妈妈，说邻桌的男孩写纸条问他答案，他故意写了错误的答案给他，结果那个孩子就在自己的卷子上填写了错误的答案。小男孩在给妈妈描述这件事情时，整个人都是洋洋得意的样子。小男孩的妈妈听他说完，居然也很开心，骄傲地赞扬着自己儿子说："宝贝，你真棒！你这样就轻松干掉了一个竞争对手啊！"我朋友说他听完了很担忧，他感觉自己的儿子跟这个小男孩比太单纯，绝对想不出这样的招数，那将来是不是会吃大亏呢？当然，他也不清楚这个妈妈的教育方法到底对不对？自己接下来该如何教育儿子呢？一连串的问题已经表现出他作为一个父亲的迷茫与无奈。

　　我身边不乏像这位父亲一样迷茫纠结的家长，在孩子的教育问题上，我并不是最有经验和最权威的代表，我也没有办法准确地告诉大家哪一种是最好的。然而，我自己在教育孩子参与比赛这点上，还是抱着重在参与的态度，我认为孩子能够感受到竞赛中的乐趣，通过用心投入比赛树立健康的竞争意识，同时能收获同伴间的友谊更加重要。

　　Toby小学五年级时去参加区的钢琴大赛，由于是老师带领参加的，我又正好出差，因此我没有到现场观看他的比赛。比赛结束的那个周末，我接他回家的路上，他兴奋地跟我分享着比赛现场的情景，滔滔不绝地跟我说："妈妈，钢琴比赛现场真的是太震撼了！参加比赛的同学们个个弹得都很棒，他们自信、熟练、淡定自如啊！而且全场参加比赛的学生们，只有我一个人是没有参加过钢琴考级的，那些同学都是八级、九级，甚至十级，可了不起了！"看着他喜悦的神情，我感到他对表现优秀的琴友们非常佩服，就问他："那你是不是也想参加钢琴考级啊？"他想了想，做了个鬼脸说道："我还是不参加了吧！我现在觉得弹钢琴挺快乐的，就不要给我增加那些压力了！"我冲着他笑着说道："还挺会为自己减压的嘛！这次钢琴比赛你觉得你收获怎样啊？"他骄傲地说："我获得三等奖啊！虽然跟一等奖、二等奖的同学相比还是有差距，但是我也算是大开眼界了啊！不管怎样，反正挺开心的。"是的，反正挺开心的！这就是我期待的结果。参加一次比赛，Toby开阔了眼界，接受了挑战，也锻炼了舞台的表现能力，更获得了自信，这些才是参加比赛最重要的收获，至于他获得第几名，只要用心付出过，结果都变得不重要了。

当今社会，夸张的说法是生存压力越来越大，因此人们的价值观也发生扭曲，所谓的竞赛已经深入我们的生活学习中，每个人时时刻刻都在竞争。大家都认为有地位、有财富的人总能享受特权，受到尊重，慢慢地，努力追求金钱、权势、利益成了社会主流的信仰，使竞争变得越来越不公平。在这样的社会背景下，很多父母开始迷茫，不知道该如何教育孩子去参与成长中的各类竞争。

曾经有个朋友告诉我，她女儿上一年级时，正好班主任是她的好朋友，她送了礼物给这位好朋友，并希望朋友能让女儿当上班长。我当时很惊讶，为什么这么看重一个小学的班长？她说希望通过当班长培养女儿的管理能力，说不定还能刺激她提高学习成绩。

我经常会跟很多父母进行交流，有一次大家说起孩子在班级考试的排名，一个成绩名列前茅孩子的妈妈，因为孩子没有拿到班级第一而很不开心。在场的家长们都很惊讶，都说她的孩子已经很棒，为什么一定要拿第一名呢？

她严肃坚定地说道："他必须拿第一，不可以丢我的脸！"这句话让我们都很震惊，接着就是鸦雀无声。

作为一个母亲，我深深体会每个父母的心情，大家都希望把最好的留给孩子，更希望孩子未来获得成功、收获幸福，这些当然是无可厚非的，但是不能因此我们就迷失了方向。我们成人不应用自身的价值观绑架孩子，应该靠自己去创造和证明。更不应该把孩子的成绩和表现跟所谓的面子挂钩，这种极端的思想和行为会成为父母和孩子的枷锁，使彼此都不能健康地成长，况且我们父母的这些做法真的能让孩子这一生过得快乐和幸福吗？

竞赛的过程在于用心付出，哪怕是普普通通的娱乐活动中也应该如此。Toby从小到大跟我的关系都很亲密，我们经常在一起玩耍，一起学习，就像最好的知心朋友，有时候他也会参加我的一些社会活动。有一次我带着Toby参加某企业的新品发布活动，当天我不是活动主办方而是出席嘉宾。活动流程中有一个互动环节，就是邀请现场的小朋友到舞台上去参加大型拼图竞赛，主持人一眼就发现了又蹦又跳高高举起手的Toby，立刻第一个就叫他上舞台，接着叫了两个比Toby稍微大一点的小女孩一起上舞台参加拼图竞赛。全场几百个观众都注视着舞台上这三个孩子，三幅大型的拼图背板树立在舞台中央，每个背景旁都堆放着十几块拼图，在主持人的口令下孩子们开始了拼图。就在全场一起给孩子们加油的时候，由于活动道具制作不够合理，孩子们刚贴上去一块拼图转身走开，拼图立刻就掉了下来，就这样反反复复的，孩子们贴了掉，掉了贴。也许是Toby经常陪着我执行大型活动，对于活动现场的工作有些了解，只见他淡定地站起身，对着主持人挥挥手，主持人走到他身旁用麦克风对着他，听他说道："叔叔，请问能不能让工作人员上来帮帮我们，这个拼图贴不住。"工作人员们走上舞台，帮助孩子们贴好拼图，Toby第一个完成拼图后走到另外两个小朋友面前，帮助她们一起贴好拼图，最后三个孩子开心得完成了游戏。Toby的表现得到了主持人的称赞，并将全场最大一个毛绒玩偶送给了他，全场观众还为他热烈鼓掌。

一场看似随机的互动游戏，都让Toby收获良多。他用心地参与到游戏中，发现问题，解决问题，并友好地帮助小伙伴，他收获了赞美，收获了礼物，收获了友情，更收获了快乐！

生活中的竞赛好像无处不在，而当今社会的确已经形成不良的竞争风气，为了达到目标，我们急功近利，寻找捷径，渐渐地，我们遗忘了用心参与竞赛，我们忽略了享受竞赛的乐趣，在无力改变现实的情况下，也只好随波逐流。

数学竞赛时，写纸条问答案的孩子固然不对，没有遵守竞赛的真实性。然而给出错误答案的孩子，他的行为又会有怎样的后果呢？他好像抓住干掉竞争对手的机会，并且那样喜笑颜开，而他的妈妈不知道有没有想过，在她的赞扬下，孩子肯定觉得自己很高明，为自己这样的举动沾沾自喜，从此他就学会处处耍心机，为了取得竞赛的胜利挖空心思、出尽奇招，也许将来他会因为足智多谋、阴险狡诈而获得了"成功"，但他的人生却不会因坦荡荡而过得轻松愉快，何况这些成功犹如空中的楼阁，随时有倒塌的危险，说不定因此机关算尽而失去了朋友和亲人，甚至于触碰道德和法律的底线，葬送一生。

没有付出努力去竞争就轻松当上班长的女孩，她的妈妈习惯性地为她的前行而铺路，总想为她挡住所有的风雨。然而世上没有父母能完全挡住风雨，我们挡住了风雨，便剥夺了孩子们练就坚强翅膀的机会；挡住了风雨，却阻挡了他们在自由的天空翱翔。父母们总以为自己为孩子铺平了道路，孩子就能健康成长，未来就会一帆风顺。然而，没有经历风雨就轻易获得成功的孩子，他们的意识中认为成功都那么理所当然，习惯了别人为她安排好了一切，如果有一天他们面临人生最重要的竞赛，面对真正的竞争与挑战时，父母们再也无力协助，那我们的孩子可能无法承受失败时的结果，从而导致心理受到更严重的伤害。

为了让我们的孩子们有健全的人格和健康的心态，请教会他们付出努力参与公平竞争，用心地体会竞赛的过程，就像我们常常会唱起："不经历风雨，怎么见彩虹！"因为只有真正努力付出过而收获的成功，才会带给我们最大的成就感。

幽默温暖的男孩最可爱

幽默温暖的男孩最可爱

记得有一次朋友聚在一块聊天，几个非常喜欢Toby的妈妈们问他："你很快就到青春期了，我们很想知道，你这么可爱听话的男孩，到了青春叛逆期会怎样啊？"他带着搞怪的表情说道："你们就放心吧！我早在妈妈肚子里就已经叛逆过了，那时候我没事就踢妈妈的肚子几脚。再说我也用不着叛逆啊！因为我有全世界最好的妈妈啊！"他的回答让我感到非常温暖，也让大家赞不绝口。朋友们都羡慕地对我说："Toby真是个情商很高的孩子啊！以后长大了肯定就是个让大家都喜欢的暖男啊！"

在我对Toby的教育和陪伴中，甜蜜成长和快乐成长都不单单是一句空话，而是我们将温暖甜蜜和快乐实实在在地融入生活的点点滴滴中。曾经有个Toby佩服和喜欢的姐姐对我们说："如果你们在家里装上摄像机，记录和拍摄出生活的过程，一定是一个大家都爱看的亲子真人秀！"我想说这位年轻的姐姐真有远见，可惜我不是明星，否则我们的"真人秀"节目可比《爸爸去哪儿》早几年呢！这当然是开玩笑了。

我也经常开玩笑说："有什么样的神经妈妈，就会养出什么样的神经娃娃！"外人看来的疯疯癫癫在我和Toby之间总是随时随地都会发生，因为那是我们互动时的即兴创作，主要目的是我们俩自己开心而已，如果身边朋友能被我们的开心感染那就是最好了。

有时候早上起床，我们会一起站在洗手间镜子前跟着音乐节奏刷牙，两个人刷牙的顺序和动作统一，夸张的表情也要统一，哈哈大笑时Toby还会喷我一脸泡沫，一个例行公事的刷牙活动就被我们弄得像喜剧表演了。

有时候我起床走出卧室后，Toby会突然单腿下跪，学着电视剧里的情节，对我毕恭毕敬地说："儿臣给母后请安了！"我当然也会很配合地回答道："免礼，皇儿赶紧洗漱完毕，母后这就去准备早膳。""儿臣遵旨！"他边说边站起身去洗漱了。有时候他也会突然隔空打我，我也必须配合他打人的动作，演绎出被打的状态，总的来说我们就是爱演。我们经常这样一本正经地在家里上演电视剧中的情节，这种互动我们自己很喜欢，感觉气氛欢乐，还能增进我们的默契和感情。

Toby是一个非常活泼外向的男孩，平日里最喜欢看喜剧、小品、脱口秀。他这个年纪的孩子模仿能力和记忆力都很强，所以从很小开始，他就喜欢给大家表演小品和脱口秀。也许是他从小就跟着我工作，看多了台前幕后的各种场景，经常看着我在台下指挥全场工作，台上面对着观众演讲的原因，所以他习惯了跟很多人交流，在观众很多的场合表演也不会怯场。朋友们还开玩笑说他是职场老油条！

有一次家庭聚会，用餐后大人们继续坐着聊天，孩子们则到花园里去玩耍。我们大概聊了一个多小时，我就走出去看看孩子们，发现几个孩子并没有到处蹦跳地玩耍，而是围着Toby坐了一圈，听着他一个人表演脱口秀。孩子们认真地听他用夸张的表情说着视频上学的各种幽默段子，每个孩子都捂着肚子哈哈大笑，好像Toby说的每一句话都那么好笑！没过一会，大人们也走出来站在一旁看Toby表演，这孩子好像是人越多越兴奋，表演欲望根本停不下来！就这样，Toby完整的脱口秀首秀一口气说了两个多小时，给大家带来了无限的欢乐。

Toby的幽默是无时、无刻、无处不在的。有时候走到停车场，我只要说："舞一段！"他立刻会站在空旷的位置，自己哼着音乐跳起来。有时候我们一起去吃饭，吃得太开心了，他也会坐着头手并用地像表演皮影戏似地舞蹈。他的幽默深入生活中的每一个细节，也是恰到好处、有理有节的。

记得有一次我们开车进入高速路入口，在取卡设备前拿取高速路通行计

费卡。取卡机有上下两个大的圆形按钮，下面一点的是小车通行卡，上面的是大车货车通行卡。我用力按下了下面的按钮，并没有出来卡，我又重复按了两次，等了半天依然未果。我只好伸手去按上面货车的按钮，想不到卡居然从下面的出口出来了。我拿着卡叹了一口气开车前行，儿子看出来我有些不耐烦，他哈哈笑起来说道："妈妈你好像在打地鼠啊！真好玩。"一件本来让人烦躁的事情，被Toby一说就变成了好玩的事情。所以说，幽默的人总会发现事情有趣的一面，不会让任何小事影响自己的心情，我这一次从儿子身上学习到了"快乐的心情靠自己营造"。还是那句话："没有我们自己的允许，任何人和事都不能随意让我们生气。"

这个幽默的小男孩是不是很惹人爱呢？如果你看到他的那些温暖举动，就会觉得他更加可爱了！

在家里，我只要说："肩好酸痛啊！"他就会立刻走过来，帮我按摩。我走路不小心，腿碰到了茶几，他就会蹲下来帮我看看伤得怎样，并拿出活络油帮我擦上，并轻轻地揉一揉撞伤的位置。有一次我感冒发烧，Toby这个小小的孩子就懂得关心我、照顾我，由于吃药喝了太多水，半夜我开灯准备起身上厕所，没想到Toby居然迅速醒过来，帮我穿上拖鞋扶着我去洗手间，站在洗手间门口等我。我只是感冒发烧，并没有严重到需要他搀扶，但他这么细致入微的关怀让我感到很幸福，因此并没有过多的推辞和话语，只是安静地享受着他带给我的这份温暖。

有一天我们一起看电视，狗血的剧情居然出现了妈妈对着儿子说："如果可以选择，我真想没有生你，如果可以后悔，我真想换一个儿子。"我说："这还能选择和后悔吗？这妈妈说得真伤人。"说完我看看Toby，拥抱了一下他说："这个可爱的儿子我坚决不换！"他也学着我的模样，抱着我说："这个完美的妈妈我也坚决不换。"我们就是这样彼此鼓励，互相温暖着。

除了对我和家人，Toby对很多我的朋友、他的同学、认识的小弟弟小妹妹们都做出了很多温暖人的举动。

我有个好朋友叫苏格，有一段时间身体不是很舒服，去医院检查后医生给了很多建议，其中说到可以多食用海带。这事情被Toby知道了以后，但凡我们有聚会，吃饭时他总是会强调要给苏格阿姨点份海带，他的这份细心让苏格阿姨非常感动。

我特别要好的几个朋友年纪小小的女儿都非常喜欢Toby，只要听说能跟Toby哥哥一起聚会都会欢天喜地，因为Toby哥哥对她们的照顾是无微不至的。有一次我带着Toby和Angle妹妹去玩电玩，我给两个小朋友分别购买了一些游戏币。Toby自己去玩男孩喜欢的赛车枪战游戏，我就陪着Angle在电动卡通公仔机前抓公仔。可是，Angle毕竟年纪小，花完了所有的游戏币也没有抓到一个公仔，于是她就去找Toby哥哥帮忙。Toby哥哥停下手里正在玩的游戏，用自己的游戏币开始帮妹妹抓公仔，很快就抓出了一个小狗，Angle却撒娇地说："我想要那个小乌龟！"Toby听了并没有抱怨，而是继续帮她抓小乌龟，最后在游戏币快要用完时，成功地抓出了小乌龟。Angle开心地跳起来说："Toby哥哥太伟大了！"Toby用自己的游戏币和时间帮Angle妹妹抓到了小乌龟，他没有抱怨自己因此无法享受游戏的快乐，而是用爱心和耐心赢得了Angle的尊敬和爱戴，使那只可爱的小乌龟从此成为Angle心爱的玩具。她回家还告诉自己的妈妈说："这个小乌龟是钱买不到的。"

跟Angle一样大的另一个妹妹叫茵茵，同样聪明可爱。茵茵自己跟我说："雁妈妈，我是Toby哥哥的小粉丝。"这个小宝贝只要跟Toby哥哥在一起，就尽情地撒起娇来！茵茵见到Toby哥哥就会用小手拉着哥哥，跟着他团团转。哥哥也会耐心地带着她去买雪糕，乘电梯时还会手拉手地保护着茵茵的安全。有一段时间茵茵早上赖床不想上幼儿园，她妈妈就用手机录下了Toby哥哥"茵茵，要听妈妈话哦"的录音，早上一播放录音，茵茵就会快乐地起床上幼儿园。所以大家都赞Toby是个超级暖男！

幽默温暖的男孩最可爱，朋友们还会开玩笑说："你教出这个幽默温暖的男孩，就是帮别人家培养了个好老公好女婿，到时候你舍得吗？"我笑一笑说："如果幽默的他会让自己的人生过得快乐，有什么不好？如果他的温暖能带给他未来的爱人和家人幸福，那么他的生活自然也是幸福的。"

　　我培养儿子学会分享快乐，懂得爱和付出，他长大后必然会孝顺我，但这不是我最终的目的。我更希望他这些优秀的品质伴随着他，指引着他去发现美好，找到幸福，快快乐乐地过好一生。

谁说做家务的男孩没出息

谁说做家务的男孩没出息

传统观念认为，操持家务好像是女性的专职，而现代社会中，也不乏热爱生活、关爱家人、勤劳温暖的男人，他们为家人准备丰盛的晚餐，把家里的房间打扫得一尘不染。当然也会有些心胸狭隘，或者是为自己懒惰开脱的男性，他们总是讽刺说："整天做家务的男人都是社会上没出息的！"就连我的有些朋友也曾对我说过："你把儿子教得这么细腻，一点儿也不男人，不怕他将来成不了大事？"我只能笑而不答，懒得去辩解。

我自己是个喜欢清爽整洁的人，不管工作有多忙碌，家里的房间总是整理得井井有条。所以我教育Toby的过程中，会加强培养他讲究卫生、善于整理、热爱动手的好习惯。

Toby早在上幼儿园前就会自己整理好玩具，将玩过的玩具按类别装入整理箱。小学开始，他就能自己整理房间，每次洗干净的衣物都是他自己折叠好放入衣柜，起床之后也会把被子叠得整整齐齐。他小学三年级开始进入寄宿学校，每周在学校里都是自己清洗和整理衣服的，从来没有像其他孩子那样，周末扛着一大包衣服回家让父母洗。就连假期到来，我接他回家，打开行李箱看到的都是有条不紊的、已经分类打包好了的衣服和用品。

我和Toby还养成了家里每周一次大扫除的好习惯。我们合理进行分工，一般是他负责擦桌椅、书柜等每一个角落，还要认真地为地板吸尘，我则负责拖地板和洗衣服、床单。我们俩分工明确，配合默契，总是能认真快速地完成清洁，完成之后我们就一起坐在沙发上悠闲地看电视，望着洁净明亮的家，我们都感受到了那份温馨和舒适。

每到周末休息，没有其他活动安排时，我总是会下厨做几餐丰盛的饭菜，我们母子就宅在家里一起享受着居家的悠闲生活。吃完饭后，洗碗的任务就归Toby这个勤劳的孩子了，他洗碗非常认真，比我洗得还要细致干净，等他洗完我走进厨房，看到锅也洗得很干净，厨房的台面也擦得干干净净，已经不需要我再去收拾了。有时难得家里来些客人和朋友，聚餐完毕后，剩下堆积如山的餐具就由Toby一人慢慢清洗。曾有位美丽的妈妈逗他说："你洗碗这么厉害，以后出国读书不愁赚不到生活费了！"

Toby十岁后就越来越像大男孩了，很多事情都会主动担起责任。春节前后拆装窗帘做清洗，都是他负责。家里的灯泡坏了，他二话不说就搬梯子爬上去换掉。去超市买东西，他负责推车我负责挑选，结账后所有重的东西都是他拿着。有一次看见我换桶装水后，他对我说："妈妈，以后这些爬高爬低、搬搬抬抬的活就留给我来做。"虽然是简简单单一句话，却温暖了我的心，感觉付出的辛苦都是值得的，非常有成就感。

小学四年级时有一天，他突然对我说："妈妈，教教我做饭吧。就算只会煮碗面条，有时候也让我帮你煮一下。"我当然开心地答应了。我从最简单的煮面、煎蛋、做三明治开始教他，他学得也很快，才教了几次，这三种食物就都能完全自己制作了。假期里，我幸福地享用了他为我制作的爱心早餐，真是吃到嘴里甜到心里。

很多朋友也想鼓励孩子参与家务劳动，于是就用奖金激励的方法。比如洗一次碗、扫一次地给几块钱等。刚开始孩子们还是很积极的，为了赚到零花钱尽量抢着多干活，甚至有小朋友发现碗被洗了，就开始大哭，怪洗碗的人破坏了他赚钱的机会。时间长了，有些能坚持继续赚钱，而有些孩子的激情却耗尽了，就算给钱他也懒得去做事了，还说："大不了不要钱，还是宁可多打一会儿游戏。"

我不评价这种方法的好坏，因为不管是什么方法也都要因人而异，针对的对象不同、尺度不同导致的结果当然也就不同。只是我自己比较不接受这

种方式。因为在一个家庭里，每一位成员都应该为家庭的舒适和美好贡献力量，暂时不需要孩子做，不是这些事情就是家里某一个人应该做的，而是幼小的孩子在成长阶段的能力不同。有些事情力所能及，有些事情需要长大些才能完成。

我教Toby学做家务，从来没有勉强过他，更没有大声喊着要他去完成任务。从小我就陪着他一起整理玩具，一起比赛叠衣服，让劳动变成我们互动的小游戏。我做任何家务时都是面带微笑的，从来不抱怨，当自己通过劳动清洁整理好屋子后，就会非常高兴，总是让他能感受到劳动带来的快乐，而不是苦苦地把每一次做家务都看成任务，因此在他的认知中，并不觉得做家务是很辛苦的事情，那么他接受起来当然会很轻松愉快，不需要我在一旁唠叨。

另外，Toby从小到大的生活学习中，我从没有对他说过带有伤害性的语言，更没有动手打过他。我们在一起的每一天每一刻都是温馨和快乐的，他能体会到我工作的艰辛，也知道我全心全意爱着他，却从没有听到过我的抱怨。积极努力的我当然也感染到他，使他也成了一个健康阳光的男孩。他收获了满满的爱，必然投射出同样满满的爱。他主动要求做家务，想要为我分担，他为我做早餐，照顾生病的我。拆装窗帘、换坏灯泡、拿重的物品都是他成为有责任男孩的重要体现，他所做的这一切都是源于对我这个母亲浓浓的爱。我相信这些都是发自他内心最真诚的情感，是驱使他付出劳动最大的动力，所以不需要我用金钱来鼓励他。

谁说做家务的男孩没出息？他拥有勤劳的双手，勇于担当的责任心，真诚付出的勇气，未来做任何事情都不会让人失望。他那善良的内心，温暖的体贴，关爱的力量，将来一定会拥有个幸福美满的家庭，让他幸福快乐地过一生。

什么是有出息？这个定义也许每个人都可以给出不同的答案。

我只相信，我的孩子将拥有充满爱和美好的未来！

收拾 收拾……

"书柜擦干净了， 图书摆整齐了！"

"看我叠的被子像豆腐块！"

"有解放军叔叔的风范，奶棒！"

+100

人生的第一次
创业被叫停

人生的第一次创业被叫停

说实在的，我是一个很不懂理财的人，一直以来我也没有办法拥有更多的财富，更不用说教会Toby如何理财了。我能教他的只能是勤劳创造财富，做任何事情都要认真努力，生活中不要与人攀比，学会理性购物等一些简单初级的财富观念。至于如何运用数字游戏，巧妙地撬动大市场，这些高深的金融概念，我都不懂，也就说不清楚了。

从小Toby就被家人说他太过大方了，有什么好东西别人问他要，他都会大大方方地给予。不管他积攒了多久的硬币，外婆说没有钱了，他也不知道自己存钱罐里到底有多少钱，二话不说就抱着钱罐要给外婆，搞得外婆笑得合不拢嘴，同时又担心他以后存不住钱，将来没有办法拥有财富。

有一天我自己一个人逛书店买书，碰巧看到了一本专门给孩子阅读的德国理财小说《小狗钱钱》，我粗略地看了一下，主要内容还是想教会孩子们靠劳动和智慧赚钱。于是，我抱着给Toby多些课外书的想法买下了这本《小狗钱钱》，当然我也没把他能不能学到赚钱的方法太当回事儿。

Toby从小就跟我一起养成了爱看书的习惯，只要是我推荐给他的书，他都能认真看完后与我分享和交流。这本《小狗钱钱》是他阅读的第一本有金钱观的书籍，他用了两周的业余时间看完了这本书，从此开始了他学生时代的赚钱旅程。

刚开始Toby赚钱的方式就是帮同学代买东西。过去我们把这种方式叫跑腿费，Toby当时对我说的是快递费，现在应该叫代购了吧！他每个周末总是会去文具店里逛逛，然后慢慢地挖掘一些新颖搞怪、价格便宜的小文具，让我帮他买几个，说是帮同学买的。回到学校，我猜想他会尽情展示这些小玩意儿，吸引同学们产生购买欲望吧！运气很好的他最后总能成功地销售出去。后来我仔细想想，他那时的状态更像零售商。

　　Toby赚钱非常勤奋，有时候学校组织旅游，同学们爬山走路太累了，大家坐下来休息，一些同学想买水或零食，却已经懒得动弹了，这时候，Toby就会勤快地做起跑腿者，帮大家买东西从中赚取些辛苦费。

　　有一次Toby看见我在家用维C泡腾片冲水喝，他惊喜地让我给他买一盒，我怀疑地问他："这个泡腾片也能卖？"他说试试。第二天回来，他把我帮他买泡腾片的钱还给了我，我惊讶地问："你真的一天之内就卖完了？"他笑着说："你买一盒二十元，里面有十二颗，我每颗卖两元，总共是二十四元，现在把成本还给你，我自己赚了四元钱。"我一本正经地对他说："真不错啊！还有成本意识。我很想知道你是怎样卖出去这些泡腾片的？"他认真地回答道："我告诉同学们，这个维C泡腾片放到水里就会有彩色的水泡出来，既好玩，又有营养，有一个同学先买了试一试，大家看到后真的觉得好玩，于是其他同学也就跟着买了。"这位小学三年级的孩子，居然懂得如何吸引别人购买，还把账目算得这么清楚，连我都有些佩服了。

　　如果说三年级前，Toby赚钱都属于临时起意，没有什么计划的话，那么转学后四年级的Toby赚钱方式又上升了一个台阶，真正地开始有计划地去做了。

　　我也不知道他什么时候想到要把家里的书租出去的，只见他周末在家里开始整理他看过的那些书。周日晚上，装了一大包书就回学校了。后来的每个周末，我接他回来，他总会告诉我赚了多少钱。刚开始四五元，后来七八元，最多一次有十几元。我好奇地问他："你拿那么多书去，他们都喜欢看吗？你租多少钱一本啊？"他的回答让我震惊："我挑选的都是同学们爱看的书籍。普通的故事书租一次一元，《查理九世》这种热门书籍租一次二元，《小狗钱钱》租一次五元。"我又惊讶地问道："为什么《小狗钱钱》租这么贵啊？"他淡定地告诉我："我跟同学们都说了，认真看完《小狗钱钱》他们就可以学会很多赚钱的方法，花五元就能学到赚钱的本领，很划算了！"

Toby在学校租书的事情传遍了我的朋友圈。他生日那天，几乎所有的好朋友都送了书给他，大家居然鼓励他做大做强！没想到大人的玩笑话，Toby却是很认真地听进去了。

估计做大做强这件事他琢磨了好几周。有一天，他很认真地跟我说："妈妈，你可以帮帮我吗？"我说："当然可以了！"他说道："我觉得个人的力量还是有限，我找到了两个同学做股东。他们一个有钱一个有书，我们计划准备更多更好看的书，把租书的业务做到中学部去。"我没想到他这么认真，就问他："你需要妈妈怎样帮你啊？"他接着说："我想你公司的设计师帮我们设计一个Logo，再刻一个有Logo的印章。我们把每一本书都盖上我们品牌的章，并做好编号，方便租书的管理记录。最后，你再帮我设计一个宣传单，这样我们就可以派发到学校每一个年级和班级了。"我还没来得及惊讶呢！他最后补充了一句："希望我人生的第一次创业能成功！"我的妈呀！一个十岁的孩子居然能这么有条理、有计划地对我说出这样的话，作为他的妈妈，我能不支持和帮助他吗？我问他："那你创业的品牌起了什么名字啊？"他胸有成竹地告诉我："金库！"听完我笑着对他说："儿子，咱们这个名字是不是起得太直接了？一听就觉得你掉钱眼里去了，既然是租书的，也应该起一个有些文化气息的名字吧？"他点一点头说："你说得也对。但是我暂时还没想好，过两天吧。"

谁知道创业还没开始，我就接到了班主任打来的电话。她在电话里对我说："Toby妈妈，学校是个圣洁的地方，不允许有赚钱这种功利的事情。有好书应该无条件地分享给同学，让大家共同成长，不应该在校园里用来做买卖。"这是不是违反了学校的纪律我的确不太清楚，既然老师已经这样告诉我，我只好对老师表示歉意："老师，非常抱歉，是我忽略了学校的纪律，给你的工作造成了影响，真心对不起。周末见到Toby我好好跟他说一下，以后再也不会这样做了，谢谢你了！"

周末我按惯例接到了Toby，我还没开始跟他谈老师对租书的意见，他上车的第一句话就说："妈妈，我人生的第一次创业被叫停了！"我用很轻松的状态安慰他说："没关系！学校有学校的制度，国内大多数学校还是比较传统和保守的，毕竟你现在最重要的任务还是读书学习，只要你有能力有知识，将来还怕没机会赚钱吗？"还好他能愉快地接受这个结果，笑一笑无奈地说："那也只能这样了！"

Toby这么专注地学习赚钱并不是贪钱。他每周在学校赚到的钱都带回家里，放在他自己的钱包里存着，自己并没有乱花。有时候他知道我想要买什么东西时，会主动拿出来说："妈妈，这是我攒的零花钱，拿给你去买喜欢的东西吧！"虽然他并没有搞懂那一点钱能有多大价值，但在我的心里他付出的已经是世上最宝贵的财富了，那份爱的奉献让我倍感珍惜。

在广州，我的师父、师母都非常喜欢Toby，经常做很多美味的食物邀请Toby到他们家里吃。Toby对他们也很尊敬和孝顺，在心里他已经把他们当成了重要的亲人。记得一次是我师父的生日，Toby把他一个学期赚到的全部零花钱拿出来，买了一盒茶叶送给师父，师父感动地说这份礼物是当天最珍贵的。

Toby学会了一些赚钱的小技巧，看着好像他总是会挖空心思找方法去赚钱，其实他并没有因为这些而影响自己的学习，更没有因此让自己掉到钱眼里，变得贪婪而世俗。相反，他非常愿意将赚到的钱分享给身边的亲人和朋友。他会给小弟弟小妹妹们买小礼物，也会为没吃饭的同学买包简单的方便面。虽然，最终他自己没有攒到钱，但他的收获却很多很多，他收获了努力创造中那宝贵的经历，收获了所有弟弟妹妹的喜爱、同学朋友间纯洁的友谊，还有那么多亲人和长辈们的美好祝福。

天气预报书签:

请妈妈和宝宝一起动手制作
小书签吧!

1.沿着虚线把图片
剪下来。

2.根据当日天气插
放书签。

145

——我们一起来动手吧！——

成人的素质输给了孩子

● 成人的素质输给了孩子

有一天，我和Toby坐在家里沙发上各自看着书，他看了一会儿对我说："妈妈，处女座居然是让所有星座崩溃的那一个啊！"我笑着对他说："原来你是在看关于星座的书啊。你属于什么星座？有什么特点啊？"我好奇地跟他聊起来。他看了看书，回答道："我是摩羯座，特点是严谨呆板。"我听了对他说："呆板嘛！你肯定不是了，我倒是觉得你真是属于很严谨的孩子。"

说起Toby严谨守规和文明礼貌等方面，在很多朋友眼里他可是出了名的。过马路时，不管人多人少，路上有没有车辆通过，他都会严格等到绿灯亮起才会通过人行道，他还总担心我看错了指示灯冲过去，总是用手牵着我。有时走在大街上，在我身旁的他突然跑开了，我停下来一看，原来是跑到远处的垃圾桶扔垃圾去了。出门时他也很讲究仪容仪表，就连下楼扔袋垃圾都会换好衣服鞋子，坚决不会穿睡衣拖鞋走出家门。

要说起Toby这些好习惯是如何养成的，那当然离不开学校思想品德课的灌输，老师对纪律的强调以及我对他日常训练和以身作则的示范。一个品德素质优秀的孩子需要家庭、学校、老师、父母付出很多努力才能养成，我却总是担心多年辛苦帮Toby养成的好素质，在现实社会中被不经意地磨灭了。

2010年上海世博会隆重举行，难得能在国内就可以参观到如此震撼大型的世界博览会，我当然也不想错过这个机会，于是就计划着带Toby一起去大开眼界。

我们到达2010上海世博会现场，拿着详细的参观地图，跟着浩浩荡荡的人群开始了我们长达三天的世博园之旅。

参观过程中的人山人海已经早在我们预料之中，但人群气势之汹涌却是我们始料未及的。为了早点进入园区，减少排队时间，我和Toby每天都是天不亮就起床，早早吃完早餐到达园区门口排队等候开园入场。记得第一天我们站在最前面的队伍早早地进入了世博园，看见空荡荡的园区我们沾沾自喜，我还得意地对Toby说："看我们起得早就是好啊！"可是，就当我们慢慢朝着想参观的国家馆前进时，就听见身后浩浩荡荡快速跑动的脚步声越来越近，我们还来不及反应，就见大群的人潮涌向我们身边，朝着前方某馆狂奔而去。等我们走到该场馆门口时，已经挂出"参观等候时间六小时"的牌子。Toby笑着对我说："看来起得早也没有用啊！"

我们到上海世博会就是一次参观学习的旅行，除了在世界博览会现场大开眼界以外，主要目的还是让Toby的暑假过得更有意思。虽然现场人数多得超乎想象，但也不会因此就打乱我们悠闲的度假安排。我们依然漫步行走在世博会每一个场馆之间，愿意拿着小板凳安安静静地跟着队伍排队等候。排队的时间长短不同，有时候我们聊天、做游戏，有时候看书、讲故事，有时候就当坐下来休息了，反而感觉排队的时间并不那么长了。

每次参观完一个场馆，Toby都会拿着自己的世博园小护照去排队盖章纪念。给他自己的小护照盖章的事情就由他自己去完成，每次他排队等待工作人员盖章时，我就在队伍对面站着等他。为世博护照盖章的人同样很多，大家都没有太多耐心去排队等候，很多人站在队伍旁前后打量后，无论是男是女、是老是少都狡黠地选择了插在Toby前面。刚开始Toby还会提出抗议说几句"阿姨请排队""叔叔我是排在这里的"这样的话，到后来他也无奈地叹口气继续排队。盖完章Toby问我："妈妈，为什么大人总是喜欢插队，而且都喜欢插在我前面呢？"我不想跟他说老实弱小就会被欺负，也不愿教他恃强凌弱，我只是告诉他："宝贝，你认真排队的样子太可爱了！你是一个最有素质的好孩子。别人犯错我们原谅他们，因为我们是来旅行的，来享受快乐假期的，他们着急我们不急，妈妈愿意耐心等你，我们不要因为别人不礼貌的行为影响我们快乐的心情。好吗？"

2010上海世博会上的创意、科技、建筑、场馆设计、各国文化等的确让我们大开眼界，但参观人群的素质也同样让我们大开眼界。每天都能看到排队打架的场景，展馆墙上小道具被抠掉的痕迹，大型触摸屏被拍到死机，休息区用餐后垃圾遍地等，还能全天候地听到很多不同寻人启事的播报。无论遇到怎样的情况，我和Toby依然保持我们那份安静欣赏的心，悠闲自在地完成了三天的参观，收获了很多知识，也过得很快乐。

我和Toby除了每周都会去看电影以外，还经常去大剧院或者音乐厅观看音乐剧、音乐会、歌舞晚会等。无论我们多么兴奋，只要剧院的灯一暗，我们就会停止交谈，认真观看演出。每次我们到大剧院看各类经典的演出，全场总是会有很多观众拿出手机拍照，就算是被剧院工作人员用激光灯提醒，他们也会见缝插针地偷拍，有时候一场演出眼前全是各个手机屏在闪动，再加上工作人员激光灯那飞来飞去的小红点，让我们的观看体验大打折扣。Toby总是问我："妈妈，总是拿手机拍照，还能专心看演出吗？"我笑一笑说："也许他们就只是为了来拍照的。"有一次，好朋友公司赞助了一场 Kenny G 的音乐会，我们有幸也去欣赏，当朋友邀请我们到观众区第一排就座时，Toby拿出两张门票看了看说："妈妈，我们的座位不是这里。"朋友说没关系，这里也是可以坐的，Toby坚持要回到门票上显示的座位，直到朋友拿出第一排的两张门票对他说："这两张也是你们的，这两个位置你们可以坐。"他才安心地坐下来。当晚，Kenny G 是从观众席后场进入的，他一边走向舞台一边吹奏着优美的乐曲，观众们兴奋地拿出手机希望拍下与他面对面的照片，Toby赶紧对我说："妈妈别拍，要尊重艺术家。"我对他点点头。我们一起热情地鼓着掌，Kenny G在准备走上舞台前意外地来到Toby面前跟他握手和击掌，然后对他竖起了大拇指，转身登上了舞台。艺术家的这个举动带给Toby很大的惊喜和鼓舞，他流露出了快乐而幸福的表情。

说起Toby的严谨我感受最深。我驾车出行时，他就像一个正义的监督员伴随身旁。有时候道路畅通无阻，我无意间稍微开快了一点，他会立刻提醒我："妈妈，这段路限速60哦！"我赶紧降速说："好的，妈妈注意一下。"有时候路上堵车，我变换车道被卡住，他就会对我说："妈妈，不要着急，你看现在卡在中间，等于你占用了两个车道。"我笑着说："很抱歉，妈妈改过来。"很多同车的朋友都说我带了一个小唐僧，这么爱唠叨。我自己也是很愿意认真遵守交通规则的人，只是有一次我礼让过马路的人群时，被后面跟着的车按喇叭催个不停，后车司机还开到前面来骂我是傻瓜。以致后来每次遵守规则时，总担心其他司机说我傻，作为成年人我就是杂念太多，总是太在意他人看法。所以Toby这样时常提醒我真的挺好，让我能坚持遵守交通规则的好习惯。其实安全驾驶的好素质并不是给别人看的，所以也不用理会别人的看法了。

如果说成人的素质输给了孩子，最差的表现就是家长打孩子。当我们家长举起巴掌教训孩子的那一刻起，家长的素质就已经输给了孩子，因为我们做了一个最糟糕的示范。我们打孩子就相当于告诉孩子大的强的就是对的，并没有尊重并公平地对待孩子。孩子表现不好有很多原因，家长应该通过沟通交流一起改进，更何况家长认为正确的事在孩子的世界是有另一种理解的。只有尊重孩子，认真聆听他们的内心，才是优秀父母具备的素质。

为了我们的孩子有优秀的人格和健康的心态，我们常常会教育他们遵守校纪校规，遵守父母和成人定下的规矩。结果，孩子们学会了，他们按最优秀素质的行为方式成长着，破坏这一切的却是我们成人。其实，我们小时候又何尝不是学习了"五讲四美""文明礼让"呢？我们也曾经是那个最有素质的纯洁孩子，我们今天依然痛恨那些没有素质的行为。可是，我们却慢慢变得好像只会埋怨和指责他人，自己却所谓机灵聪明地抱着侥幸的心理去违规。我们不能一边抱怨环境卫生太差，一边懒得走动垃圾乱扔；我们不能一边谩骂那些插队加塞的人，一边忙着想方设法走个捷径；也不能一边诅咒那些抢车道、闯红灯的司机，一边为躲避堵车走在应急车道上。让我们一起改变吧，重新活得像孩子一样简单纯洁，共同去找回那个最有素质的你我，我们就是那个笨笨的傻傻的，在没有车的路上依然等着绿灯的孩子。也许我们每个人小小的改变无法让社会秩序立刻变得美好，但只有我们从自身和教育孩子开始，大家努力维护社会秩序和遵守原则，重新树立好正面阳光的行为观，相信有一天，我们的社会会更加文明美好。

近千场电影和
　　音乐类演出的陪伴

近千场电影和音乐类演出的陪伴

Toby人生的第一场电影是两岁多的时候观看的成龙和金喜善主演的《神话》，刚开始我也有些担心他年纪太小坐不住，出乎意料，Toby他很专注地欣赏完一整场电影，还很开心地说公主很漂亮，将军很勇敢！从此，Toby对电影的热爱便一发不可收拾。

在这十年的时光里，只要Toby在我身边，几乎每个周末我们都会去看一场电影，有时候恰逢节假日同时上映很多优秀影片，我们也曾在一天之中连续看过三场电影。看电影的类型也是丰富多彩，从儿童喜爱的动漫电影到青春偶像电影，从国产的文艺片到海外的商业巨片，从古装动作大片到音乐剧、歌剧、电影等，只要电影院上映的我们几乎没有缺席。有些朋友跟我聊天也曾说起，这么小的孩子，不应该什么影片都带他去观看，是否应该有所筛选？当然，色情和恐怖片我们是不会去观看的，国内能公映的影片其实也已经是有限制的了，而且这么多类型的影片，也是在随着Toby慢慢长大而增加的。2～4岁时，他看的基本以卡通电影为主，他最喜欢的是迪士尼、环球和梦工厂的卡通电影。5～6岁时，他开始喜欢《哈利·波特》《蜘蛛侠》《蝙蝠侠》等魔幻和超级英雄的电影。7～10岁，他已经开始喜欢科幻、悬疑、推理等烧脑大片。10岁起，他对音乐艺术、文艺片等小众电影也产生了浓厚的兴趣。

我陪Toby看电影，不是单纯为了娱乐或是打发时间，而是把每一场电影变成我们俩沟通交流的方式和桥梁，以及提供我了解他心灵成长的丰富素材。每一次看完电影，我们会一起总结电影里发生的事情、人物，以及观后感想。

记得我们一起观看音乐电影《悲惨世界》时，买票前我告诉他："这是一个歌剧表演形式的音乐电影，是法国作家雨果的代表作，很多人会觉得电影太闷，或者不喜欢听这种类型的演唱，我也担心你不喜欢，但是妈妈很想看，你愿意认真陪我一起欣赏吗？"他笑笑说："我也很喜欢音乐剧啊！放心吧，我会认真看的。"于是，我们达成共识买了电影票去观看。观影过程中，我们一般不会说话，因为说话会影响自己和别人的观影感受。看完《悲惨世界》散场时，我们一边走一边说话，Toby对我说："妈妈，我觉得冉阿让的灵魂太高尚了！"我问他："你怎么这样认为呢？"他继续说："他在家人快要饿死时去偷了一块面包，结果被关了多年，但后来他一直帮助很多受苦的穷人，最后他死了也上了天堂。"我接着又问他："他出狱后并没有真正拥有高尚的灵魂，你觉得影响他的关键人物是谁啊？"他回答说："是收留他的那个主教。虽然他偷了主教的东西，但是主教并没有怪他，再次救了他，还把东西送给他，所以他很感动，决心净化自己的灵魂，重新开始。"我赞扬他："宝贝真棒！其实，每一个人生下来时都是拥有最纯洁灵魂的，只是在成长过程中遇到很多邪恶的、困难的、悲伤的事情后，各自演变出了不同的结果，软弱的人受影响后会变得更加颓废无能，坚强勇敢的人受影响后反而会变得更有价值而光芒万丈。"他点点头继续问："雨果是个很有名的作家吗？法国大革命是怎么一回事？"我耐心地告诉他："雨果是十九世纪前期法国非常著名的作家，《悲惨世界》和《巴黎圣母院》都是他的代表作。法国大革命是在贵族剥削和压迫下，民众追求民主制度而发起的革命。如果你想了解更多，我们可以回家去看书，好吗？"他愉快地答应了……

我们每次都会因为一场精彩的电影而交谈一两个小时，无论是浅显易懂还是深奥难懂的思想我都会完整地对Toby表达，我也不太懂的我们会一起去查寻资料，他也会积极反馈自己的理解。渐渐地，他的理解能力越来越强，思维也越来越活跃，甚至有时候能猜到导演会如何继续向下演绎，连《福尔摩斯》那样的电影，他也能分析出结果。所以，成人真不能小看了孩子的理解

能力，只是在于我们给不给他们思考的机会，是否尊重和接受他们独到的见解。

当然，他也有很孩子气的时候。有一次我们一起去看3D效果的《泰坦尼克号》。电影结束时，Toby已经泣不成声。我看着他问："一部爱情电影，你怎么哭得这么伤心啊？"他一边哭一边对我说："这明明就是一部灾难片，你看刚才那对老夫妇相拥躺在床上等待死亡，那个妈妈知道就要告别这个世界了，却在最后仍然平静地给她孩子讲故事，生命、生命、生命真是太脆弱了！"说完继续呜呜地哭。我只好安慰他说："生命是很脆弱，但有时候也可以很强大呀！你看Rose不是活了一百多岁吗？"他哭着反驳我："那是因为她接受了Jack的遗愿，Jack要她好好活着，生儿育女。"我接着说："妈妈也有个愿望，你以后也要坚强活着，活一百多岁啊。"他擦了一下眼泪，思考了一下冷静地说："哎，我是无法实现你的愿望了，你看现在空气污染这么严重，有毒食品这么多！"我居然有些无言以对，既好笑又觉得有些无奈。

这些年来，我们除了到影院观看上映的新片，也会在家里通过互联网观看所有奥斯卡获奖影片，常常也会去剧院观看百老汇的音乐剧《猫》《妈妈咪呀》，印度的歌舞剧《泰姬快车》，西班牙的舞剧《弗朗明戈》等，当然也不会错过各类交响乐演奏会，十年来近千场电影和音乐类演出让我们快乐相伴。许多朋友都在惊叹说这样太花钱了，但我却认为这是非常值得的。很多时候，Toby因为看了一场好电影而爱上了那本小说，往往小说比电影更精彩，就这样他也养成了爱看书的好习惯，《悲惨世界》《狼图腾》《哈利·波特》这些小说他都一一拜读。也因为一次次观看音乐会等，他懂了很多礼仪，时常表现出对演员和音乐等艺术的尊重。更重要的是，我们每个人的人生只有一次，无法去体会更多不同的人生，而电影是将各种不同的人生进行浓缩，艺术化地展现给我们，哪怕一部电影只有一句话让我们铭记，哪怕一首歌曲只有一句歌词给我们触动，也都能充实我们的思想，获得很多人生哲理。更何况，跟Toby一起看电影，通过他与我的即时交流，我可以更多地了解他成长中看待问题的角度，指导他寻找正确的价值观，不担心复杂的网络模糊他的心智，我们还可以共同学习，像朋友一样相处，而这一切都是金钱无法买到的。

大家都说我带了
一个小童工

大家都说我带了一个小童工

大家都知道我因为工作忙而没办法照顾孩子，所以从小就送Toby到寄宿学校上学。然而，我的工作性质决定了很多时候周末和节假日更加忙碌，所以，当我周末和节假日加班的时候，Toby就只能陪伴在我身旁，成为我公司里年龄最小的"上班族"。

Toby年龄较小的时候就懂得不影响我工作，我常带着他到客户公司开会，我们在会议室开会，Toby就在外面的接待区自己安静地写作业。有时候，我们跟客户双方进行大型活动的筹备会议，由于参会人员很多，他坐在最偏的角落看书，一等就是一个下午，当会议结束时，大家才发现原来还有一个孩子。Toby在我工作的场合，从来都不说话打扰，总是很安静地在一旁等候。渐渐地，与我合作的很多客户都认识了他，并对他有很好的印象，对于带着他工作大家也都给予理解和关照。

有一次，我们公司全体加班，为了一个新项目进行研讨。晚上十点多，我让Toby到办公室沙发上睡觉。过了一会儿，他走到会议室门口敲门说："妈妈，我睡不着，我可以参加你们的会议吗？"我心疼地看了看他，同意地点点头，他进来坐下听我们开会。我们的会议是方案策划前期的创意动脑会，大家都在发散思维，积极提出一些新颖独特的建议。Toby举手示意说："妈妈，我也有个想法，可以说吗？"同事们都很惊讶，大家笑着对他说："当然可以了！"他开心地表达了自己的创意想法，我们都对他的建议表示肯定。半夜我们回到家里，睡觉前他还一直问我："妈妈，你会用我的创意吗？"我鼓励他说道："妈妈觉得你的创意非常棒！我会根据实际情况进行调整，最后还要看客户接受哪一种形式！"他高兴地点点头，结果躺下就睡着了。

记得Toby八岁那年，我刚好接了一个品牌的新品发布会，发布会中我设计了一个音乐情景剧，其中有一个角色是孩子。当时学校都已经开学，很多少年宫的孩子都要上学，家长也不愿意耽误孩子的功课请几天假来配合排练和演出。正在我很为难的时候，客户提议说可以找Toby出演。Toby从来没有学习过表演，也没有在这么大型的场合登台过，不知道会不会影响我们发布会的演出效果，但还是只能抱着试一试的态度找他聊了一下。没想到他淡定地回答说："那先试试吧。"经过两三天的排练，以及现场的彩排，他居然都按要求表演得很好，但我依然还是有些担心正式演出时，他看见台下六七百个观众会紧张。正式演出开始了，出乎意料，他完成得非常圆满，我悬着的心终于放了下来。我知道Toby当时并不是很喜欢表演，我也没有刻意培养过他这方面的特长，愿意出演情景剧，完全是出于他希望能帮助妈妈完成工作，Toby的这份心意让我非常感动，终生难忘。

　　也就是从出演情景剧那次起，Toby仿佛长大懂事了很多，他从一个处处要妈妈照顾、整天撒娇顽皮的小男孩，变成了会关心照顾我，愿意尽心尽力协助妈妈的小能手了！

　　连续几年，我都成为广州团市委青年志愿者新年晚会的总导演，而现场总能看到那个快乐陪伴妈妈的小助手。白天彩排时，他帮我拿水端盒饭；晚上演出时，他帮忙背包拍照；晚会结束了，他帮忙整理资料和物品。大家都喜爱称他为"小副导演"，大家的赞美和鼓励使得Toby更加努力热情地帮助妈妈。

　　2014年夏天，世界杯的热浪席卷全世界，在广州我们也举办了一场跟世界杯内容相关的娱乐赛事。我们的活动从5月份一直延续至世界杯闭幕那天，每周活动都安排得满满的，各种各样的线上线下活动让我们忙得不亦乐乎，Toby的每个周末也自然而然地参与到我们的工作中来。

　　其中，一个周末的活动是儿童足球嘉年华，我们在郊外的景区布置了很

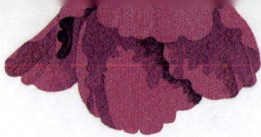

多关于足球的游戏互动区，邀请很多家长带着孩子们一起来欢度周末。当天Toby的岗位是负责食品区的冰淇淋派发，他穿着卫生围裙，戴着帽子、口罩和手套，认真地接待着到场的每一位家长和小朋友。当小朋友到他的服务台领取冰淇淋时，他都很有礼貌地说："欢迎参加嘉年华活动，请问想要什么口味的冰淇淋啊？"小朋友说明了自己的需求，Toby就认真地为他装上一份冰淇淋，还会耐心地说："小心点，天气太热，会很快化掉哦！"他这种态度让很多家长都赞不绝口，大家也不知道他是我的儿子，有些还走过来对我说："你们从哪里请来的这么小的服务员啊？太认真太可爱了！"

他在自己的岗位认真地工作着，无论其他区域多么好玩多么的开心，他都没有因此被吸引而走神，一直兢兢业业地服务在自己的工作区域，直到工作人员休息用餐时间，他才走过来对我说："妈妈，现在是休息时间，请问我可以吃一份冰淇淋吗？"我拥抱了他一下，对他说："宝贝，你工作得非常认真，大家都说你是一个负责任的工作人员。现在好好休息一下，吃完饭就可以吃一份冰淇淋了。"他开心地端着盒饭去休息区用餐了。

活动中另一个周末，我们在一个大型的购物中心举行演出。在我进行演出彩排期间，Toby的任务是跟几个兼职人员派发活动宣传单。快到中午休息的时候，我看到几个兼职人员都已经回到主会场，准备领取盒饭了，却怎么也找不到Toby。过了大概半小时，他笑眯眯地走过来对我说："妈妈，我走遍了这个商场的每一层，所有的宣传单我都派完了！"原来那几个兼职人员派发完手上拿的一沓宣传单就回来了，只有Toby来来回回拿了所有的宣传单去派发，他走遍了商场七层楼，坚持派发完了所有宣传单。

他自己一个人派发完所有宣传单并没有觉得辛苦，反而让我感觉到的是他派发完的成就感。他快乐地吃完盒饭，又穿上一套我们活动宣传的卡通服装，热情地跟来参加活动的人们拍照留念。他那种认真工作的态度，以及整个人全身上下散发出的激情让我感动。

很多人可能觉得我这个妈妈太残忍，让这么小的孩子就承受劳动的辛苦。也有朋友感叹Toby比其他孩子成熟，似乎是我过早让他体验各项工作的原因。

作为一位母亲，我怎么会不心疼自己的孩子呢？我只是希望在努力工作的同时，能够兼顾教育、陪伴孩子。也许我这种做法不是所有人能接受的，但至少我和Toby两人从中感受到的幸福和快乐比辛苦更多。

我让Toby陪伴着我工作，让他体会到妈妈工作的艰辛，更加珍惜妈妈付出的劳动，懂得关心照顾妈妈，并认真地对待学习。我让Toby陪伴着我工作，让他看到我认真努力的工作态度，看到我完成的各项工作，以及客户和合作伙伴对我的认可，使他对我更加尊敬和爱戴，自然我教他的东西，对他说明的道理他也更愿意聆听，并虚心接受。更重要的是，让Toby参与工作，可以教会他只有认真负责，珍惜别人的信任，才能更好地完成任务。他也深深地体会到，任何一项工作或一个活动都需要一位统筹全局的能力者，以及在每个岗位完成细节的合作者，通过整个团队的配合与努力，团结互助才能完美呈现想要的结果。

小小的Toby见过并参与过无数大型活动，可以算得上见多识广。因此他变得自信，做事更有条理，思路更加清晰。我们经常开玩笑说："当Toby大学毕业应聘时，告诉对方他已经有十几年的工作经验，别人一定觉得他是在吹牛！"可是，这一切都是事实，这个小小的童工是妈妈聘请的，也就因为是妈妈的需要，他才如此认真努力地投入。感谢上天赐给我这样天使般的孩子！小小的身体，他的爱却如此有力量，让我的生命繁花似锦！

导演
指挥中…

我做妈妈小助手！

演员谢幕

哗嚓！

"妈妈！我已经整理好你
们用的道具了！"

工具

星星闪闪月儿高

宝宝哼着小歌谣

卷袖来把清洁做

玩具衣物全收好

清水擦擦桌和椅

地面垃圾跑不掉

妈妈夸我小帮手

我赞妈妈最勤劳

相亲相爱共努力

幸福生活迎美好

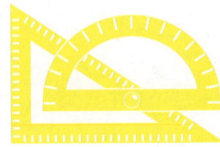

善良和宽容永相伴

善良和宽容永相伴

　　我一直认为善良和宽容在人的内心是住在一起的，当你变得善良和宽容时，你会发现收获的快乐也会多一些。只要你愿意用善良的眼睛去看待世界，就会看到世界最美好的画面，只要你愿意用宽容的心去接纳世界，就会感知世界最阳光的温度。

　　记得我和Toby聊起我们养了两只小狗的事情，我对Toby说："好多朋友都说妈妈精力过剩，工作这么忙碌，要照顾儿子，还不怕麻烦养了两只小狗！"他听了说："我们这么爱大吉和Summer，特别是妈妈把他们两个都照顾得那么好，他们多幸福啊！如果我们不领他们回来养，万一不小心碰到粗心的主人，变成流落街头的流浪狗，那多惨啊！我们能帮两只也好啊！等将来我们多赚点钱，也办一间流浪狗之家吧。"Toby总是希望我们能帮助更多的人，感觉年纪小小的他就已经有很强的使命感了。

　　我们的生活中总是会有很多让人不愉快的事，有时候孩子们在成长过程中也会遇见令他们生气的事情。Toby刚转学到新学校时，周末回来就不太开心地跟我说："班上有同学给我起外号，还有好几个外号呢！"我笑着问他："都有什么外号啊？"他嘟着嘴说："他们叫我荷包蛋、荷兰豆。"我安慰他说："荷包蛋和荷兰豆都很好吃，而且营养还很丰富呢，今晚妈妈就做给你吃，好吗？"回到家我真的为他煎了荷包蛋，炒了一盘荷兰豆牛肉，边吃饭边问他说："好吃吗？"他大口大口地吃着，开心地说："很好吃啊！"我又对他说："你看，同学给你取的外号还真不错，都是美味的营养品。以前妈妈读书时被起的外号可是矮冬瓜呢！"他听了哈哈大笑起来，然后对我说："你们小时候也起外号？"我说："当然了，其实每个人读书时都会碰到同学起外号，这些也许就是少年时光一些难忘的回忆吧！其实不管外号好听不好听，我们都可以一笑而过，不必太介意。但是有一点妈妈告诉你，别人给你起外号，你不生气是大度，但是你自己就不要给同学起外号了。"Toby有些不理解地问道："为什么我却不能给同学起外号呢？"我耐心地解答道："你是个乐观的男孩，对于外号很容易轻松面对。但不是每个同学都跟你一样，万一你起的外号同学很不愿意听到，就会对同学的自尊心造成伤害。为了避免无心的伤害，我们就只能自己管好自己了！"Toby听完点头答应了。有时候对我们来说是一件小小的事情，对于他人却未必，我们愿意宽容接纳的结果，不代表其他人也能做到。我和Toby尽量做到不以己度人，礼貌地对待身边每一个人。

　　Toby善良而宽容，有一次他的表现让我非常惊讶。小学五年级时，他们班上有一个可怜的男孩，在很小的时候妈妈就离开了他，爸爸成天忙碌没时间陪伴他，送到寄宿学校后居然一个学期才接回去一次。家长只是把很多钱放在学校老师那里支配，同学们放假时就只有值班老师陪着他。由于爱的缺失，孩子变得脾气暴躁，不爱学习，更不愿意遵守课堂纪律，还经常动手打同学。老师实在教育不好，就让同学们不要跟他一起玩，最后只剩下Toby跟这个孩子交往了。周末我接Toby回家，他跟我聊天时说："妈妈，今天老师批评我了。"我问："为什么啊？"他对我说："老师让我们不要跟那个坏同学一起玩，可是我觉得那样很不好。"我很想知道他是怎么想的，于是接着问："你能告诉我觉得有什么不好吗？"他用非常认真的态度对我说："那个同学是很调皮捣蛋，有时还会打人。我想是因为他没有爸爸妈妈疼爱才会那样的，每次周末和假期我们大家都有父母来接回家，他却只能自己孤零零地待在学校，他的心里不知道会有多难过啊！我想他原本也不想变成一个坏孩子的，如果我们大家把他当作坏孩子，没有人安慰他鼓励他，那么他就会真的变成一个名副其实的坏孩子了！"我突然被Toby说的话震撼到了，一个

小学五年级的孩子，他看待问题比我们大人更宽、更深。一个只有十岁的所谓坏孩子，我们就把他当成洪水猛兽般看待，早早放弃了对他的教育和帮助，那么将来长大他怎么会有好的结果呢？我也被Toby的善良和宽容深深打动。于是，我对Toby说："你可以跟他交朋友，但是要懂得照顾好自己，不要跟他打架。有什么事情需要妈妈帮忙的，就告诉妈妈。"后来，我去学校跟老师做过沟通，但是学校的制度和他的父亲都让我没有办法对他进行帮助。没多久，因为这个孩子总是在学校闯祸，在学校的劝说下，他退学离开了。

Toby是一个性格温和的男孩，他总是对小朋友很友好，不但会周到照顾，还很容易原谅乱发脾气的小朋友。小朋友们也非常喜欢这个Toby哥哥，当然他也深得很多爸爸妈妈的喜爱。很多朋友总是说Toby思想很早熟，有时候我也这么认为，他对很多事情的理解远远超过了他的年龄，他对待很多伤害时内心坚强，对待他人内心却又是温暖而柔软。

有一次周末的深夜，我们已经入睡，床头的手机突然响起，我赶紧起身接了电话，压低声音跟对方交谈，生怕吵醒了身边的Toby。电话是合作的客户打过来的，可能是合作项目中有些疑问需要我解答，也没顾着看时间就打过来了，我耐心地解答了疑问后，翻身继续睡下。没想到，刚过十分钟，电话又响起，客户想起了另一个问题。就这样来来回回，每隔十几分钟就打来一个电话，差不多连续打来了五六个电话，最后把Toby也吵醒了。当我挂了电话躺下时，Toby用手轻轻地拍着我的背，好像是在帮我顺顺气，然后轻声地对我说："没事没事，妈妈放松心情。"我对他说："你觉得妈妈心情不好吗？"他成熟老练地说："我隐约感觉到了你有些不耐烦。"我深呼吸了一下，对他说："是妈妈不好，不应该不耐烦的，其实仔细想一想，合作的客户比我更辛苦，最起码我还能躺在床上跟他通电话，而他却深夜依然在办公室加班啊！"他安慰我说："我觉得妈妈已经做得很棒了，估计换了我早就不耐烦了，所以我要向你多多学习啊！"我们俩就在这样带着对客户的理解和包容，彼此间互相安慰和鼓励，再次平静地入睡了。

很多时候，我们大家见到表情严肃、面色冷冰冰的服务人员总是很生气，感觉花钱就应该享受最好的服务。其实，我们有这样的想法当然没有错，只是这种思维方式，会不经意地引起自己负面情绪，使心情变得很不愉快。

换个角度想想，人不是一部机器，整天在同一个岗位重复着同样的工作，会让人慢慢没有了激情，感觉百般无聊和身心疲惫，当然没办法保持热情和笑容。如果我们能这样去理解那些待在枯燥工作岗位的人员，给他们更多支持和包容，我们就会发现结果会变得完全不同。

坐过我车的朋友总是说我脾气好，整天都笑容满面地对待遇见的陌生人。每次走过收费站，无论收费站服务员是怎样的表情和态度，我都会热情地说出你好、谢谢、再见等词。Toby也曾问过我："妈妈，你每次都笑嘻嘻打招呼，有些哥哥姐姐并没有礼貌对你啊！"我这样对Toby说："妈妈带着微笑礼貌打招呼，不是为了他们回馈同样的态度给我，他们每天坐在那个小小的收费厅里，呼吸着灰尘和汽车废气，重复着枯燥无聊的工作。我只是想在走过的那一刻，用微笑送去春风，让他们感受到尊重，哪怕只是让他们开心了一秒。"

其实，我用微笑的态度对待别人，收获最多的还是自己。我每天进出公司楼下停车场，笑容满面地跟每一位保安打招呼，车位紧张时他们总是愿意帮我想办法，找到一个位置让我停车。在餐厅，我礼貌地对待每一位服务员，他们总是把最优质的服务送到我们这一围。这一点，Toby学得很好，他总是非常礼貌地跟哥哥姐姐们沟通，很多我们常去的餐厅，大家都认识我和Toby，有些餐厅还专门赠送Toby学生优惠卡，不管我们什么时候去，都会为Toby免费送上水果或者饮料。

礼貌的语言可以让人与人之间更亲近，甜蜜的微笑可以融化冰冷的心。让我和Toby心中善良和宽容永相伴，相信我们的生活会更加美好和温暖。

清风徐徐……

"我们一家四口在一起真幸福！"

"我们一家不止四口两？"

"我现在是在广州的影人，没算先算吧。"

广州有：

郭妈妈 大平妈 小平妈 阿望姐 苏婚

干妈咪 小培哥 小美

怵……

因为人间有爱，无奈的过去不再无奈

因为人间有爱，徘徊的日子不再徘徊

因为人间有爱，孤寂的心会畅游大海

因为人间有爱，美丽的花会天天盛开

我与孩子共同成长

我与孩子共同成长

　　如果说我现在算一个性情温和、自信有主见、勤奋努力的母亲，总是获得身边朋友们的称赞和信任的话，这真的是成为孩子母亲后我这些年成长的结果。

　　我们小时候，家家户户生活条件都差不多，我父亲远在部队常年不在家，母亲一个人忙里忙外，作为家里的老大，我必然会承担起照顾妹妹和做好家务的责任。在很多邻居和长辈的眼里，我是个非常勤劳懂事的好女孩。

　　可是，青春期的我却总是会任性、冲动，做事不考虑后果。我仗着自己做事能力强，常常不把别人放在眼里，太过骄傲。有时候情绪的管控能力也会非常差，使得我在负面极端的情绪影响下对有些事情做出了错误的判断，造成一些自己不能接受的后果。所以，现在我有时候看到公司里年轻人偶尔发发脾气，都觉得挺正常的，毕竟在年轻气盛的年纪，总是会棱角分明，再加上人生阅历不多，当然还没有练就冷静思考、客观面对事物的成熟态度。

　　我也总是听见很多人任性起来会说："我就是这个性格！"言下之意就是自己这个性格脾气改不了了。其实，人的个性、情绪、做事的习惯这些都是可以通过训练慢慢改变的，关键在于自己是否真正地认清缺点，愿意为改变付出努力。

　　我年轻的时候也很爱睡懒觉，每个周末不睡到大中午不起床，有时候周末两天躺在床上昏天黑地地追电视剧，不看完不罢休。当我做了母亲后，突然感觉时间异常珍贵，既要照顾孩子又要忙碌工作的我，不敢随意浪费一分一秒。每天六点起床成了我的习惯，哪怕熬夜加班后最迟也不超过八点起床，感觉早起就比别人多赢得了一个上午的时间，当然一天里能完成的事情就会更多。我把每天的计划安排得合理紧凑，就连读书学习、看电视、周末休闲活动、家务劳动都有固定的时间计划。很多朋友都说我活得太累，根本不轻松自由，可我却觉得这样有规律、有节制的生活让自己受益良多。

成为母亲以前，我会因为不开心的事情把自己关在家里哭得稀里哗啦，甚至闷闷不乐地想个三天三夜。当我有了孩子和自己的公司后，发现很多事情都需要自己承担和解决，逐渐成熟的我，遇到任何麻烦都不再忙着抒发负面情绪了，而是把注意力放在如何快速解决困难上，时间久了，反而觉得很多事情都不能影响到我的心情了，总是能心平气和地面对任何挑战和麻烦。一个从未看见我生气过的朋友问我："你就从来没有发过脾气吗？"我当然也发过脾气，只是为了更好地解决问题而发脾气。所以说当了母亲以后，我也成长了很多。

作为父母和长辈，很多人为了在孩子面前保持权威，不愿意承认自己的错误和不足，总是喜欢高高在上地去对孩子进行说教。我却把Toby当成自己最好的朋友，我跟他的交流是非常平等和真实的。我时常会跟他聊起自己小时候的囧事，他每次听完都哈哈大笑，还兴致勃勃地追问下去，跟他分享我童年的趣事也带给他很多快乐。

我告诉他小时候自己像个男孩子一样顽皮，暑假到外公部队探亲时，我跟云南当地的孩子一起爬树、打弹弓，漫山遍野地采蘑菇，曾经因为把家里的大白兔奶糖全部分给当地的小朋友，惹得外婆边打边骂我是败家子！Toby不太理解地问："一点点糖果，外婆就打你啊？"我笑笑说："那个时候大家都不富裕，大白兔奶糖当时算是很贵的食品，外婆放在家里都舍不得吃，居然被我一下子就送完了，当然生气啊！"

我还告诉他我曾经因为臭美而掉到河里，因为玩酒精炉而烧掉了自己的眉毛和头发，每一个童年的小故事都让他好奇兴奋，让我这个母亲更加真实亲切，我们的关系也随之更加亲密友好，我们成了无话不说的亲人和朋友。

Toby一直非常喜欢看希腊神话，我想是因为相对中国神话里完美化身的神，希腊神话里的神虽然有超凡的能力，但是他们在情感上却是非常真实的人，他们的性格中具有人行为的美与丑，让我们能感受到他们更贴近人类，从故事中对我们的启发也会更多吧。希腊神话里的诸神，就像宙斯、天后赫拉、海神波塞冬、战神阿瑞斯等，他们都具有常人性格中的嫉妒、残暴、贪婪等缺点，就连代表智慧和正义的女神雅典娜，也会有小心眼，不愿意他人比自己强。所以说，每个人身上都会有人性中的美与丑，关键在于我们能不能勇敢地直面自己的内心，在成长的岁月中，努力付诸行动去改变，让自己变得越来越好。

我和Toby常常会进行行为总结，一起努力发现自身的缺点和不足，共同找到改掉缺点的方法。有时候自己身上的缺点未必能发现，需要身边最亲近的人随时提醒，所以我做得不好的时候，Toby会直接跟我说："妈妈，我觉得今天有一件事情你做得不好。"或是："妈妈，你今天不该太着急。"我从来不会因为他说出我的缺点而不高兴，更不会找借口不承认，对于他提出的意见，我会认真接受，明确告诉他我该如何改进，所以每次我们的交流都是让彼此愉快接受，并能真诚改变的。

记得有一段时间Toby特别喜欢买悠悠球，只要电视里展现出最新最酷的款式他都想拥有。我给他买了几个后，对他说："你玩悠悠球只是初级阶段，并不是所有款式你都能轻松掌握，你买这么多悠悠球，你是真正的为了玩出技巧吗？我认为你是为了在其他小朋友面前炫耀呢，你觉得我说得对吗？"他诚实地点点头。我接着跟他说："你希望别的小朋友称赞你有非常好的玩具，就像妈妈喜欢买漂亮衣服，希望别人称赞我漂亮一样，都是我们的虚荣心在作祟。其实每个人都有虚荣心，希望得到他人赞美和关注，这种虚荣心如果我们控制得恰当，让自己追求美好的时候，稍微满足小小虚荣心也未尝不可。但是过分炫耀，过分花心思去博取别人的羡慕嫉妒，就会让虚荣心变成自己的负担，让我们的心智变得脆弱，变得空虚，生活过分物质化，最后就会失去学习力和创造力。"他似懂非懂地看着我，我笑一笑对他说："没关系，已经买了的悠悠球你好好练习，以后再出任何新的款式，就不要再追着购买了，好吗？"他接受了我的意见，再也没有要买新款悠悠球了。

　　我们每个人成长中都会遇见各种各样的问题，只要我们愿意真诚面对，慢慢改正，每个人都可以进步。我和孩子都在不断地努力学习，每天认真地让自己进步。伴随着孩子的成长，我也成长着。为了让Toby喜欢阅读，我坚持每天睡前阅读一小时；为了让Toby性格阳光，我就努力做到从不对他发脾气，遇事冷静，用幽默愉快的方式与他交流；为了让Toby真诚乐观，我做到遵守承诺，无论多么辛苦从不抱怨，积极地面对生活中的挫折和挑战。

　　Toby喜欢运动，我就努力锻炼身体，陪着他爬山。Toby爱看历史书，我就重新看书加紧温习，共同和他畅谈上下五千年。Toby要做手抄报，我就教他策划排版，跟他一起画画写诗。与其说我为了Toby付出很多很多，不如说有了Toby后我成长更多，我与孩子共同成长着。

　　所以我常说，孩子的教育，不是家长教育孩子的过程，而是我们跟孩子一起成长的幸福之路。

"妈妈工作，我是小助理^^"

"妈妈累了，我就是按摩师。"

"妈妈冷了，我就是小暖炉。"

"真是个万能儿子。"◡◡

Name(妈妈): _____

Name(宝宝): _____

日期: _____

——我们一起来动手吧！——

幸福和快乐是结局

幸福和快乐是结局

　　Toby第一次能完整演唱的流行歌曲是《童话》，那大概是在他两岁半的时候。记得他有一天在家里自己哼哼呀呀地唱着歌，唱到一半突然停下来问我："妈妈，为什么歌词说童话里都是骗人的？"我想了想对他说："宝贝，你会唱这整首歌吗？"他自信地说："会！"我就高兴地对他说："那你好好地唱给妈妈听一听，唱到最后一句时，我们听一下歌词是怎样的？"他大大方方地站在我面前唱起来，一直唱到最后一句，他说："妈妈，最后一句是幸福和快乐是结局。"我把他抱起来，温柔地对他说："是的，无论发生什么事情，经历什么故事，最好的结果就是幸福和快乐是结局。"

　　从我有了Toby的那一天起，我就决定要给他一个甜蜜快乐的童年。从我决定独自一人带着他的那一刻起，我就愿意付出所有的努力，让他感受到最丰富最饱满的爱。 这十几年来，我兼顾多重身份，除了要完成既当妈又当爹的全部责任外，我还要努力工作，为Toby和我的幸福生活而奔波。庆幸的是，我应对了所有困境，珍惜了陪伴Toby的每一分每一秒，勤奋努力地做好每一件事情，把自己的行为当作他成长中学习的榜样，终于把他培养成为一名积极乐观、有超强适应能力的好孩子。

　　还记得Toby一岁半时就会说："妈妈，让我自己走，你太小了，抱不动我！"两岁时的Toby就懂得妈妈会永远爱宝宝，哪怕寄宿在幼儿园也不哭闹；三岁时的Toby就能将我的电话号码熟记于心，有事情就会自己打电话给妈妈。四岁时的Toby离开妈妈回老家，有外公外婆等家人的照顾，他居然还能说出"看见卧室窗帘就会思念妈妈"这样感伤的话语。五岁时的Toby告诉我说："我真想永远跟妈妈生活在一起！"这让我非常感动。六岁时的Toby在学校，看见春天的小树发芽，他摘下翠绿的叶子，给全班女同学杯子里都放上一片，泡上了所谓的养颜茶，结果被老师惩罚，回家跟我分享，我却觉得他是个很善良温暖的男孩。七岁的时候，我带着Toby去上海世博会参观，烈日炎炎下整日步行的他依然充满活力，去每一个世博展馆参观他都跟我一起认真地排队，却怎么也无法理解为什么大人总是要插队。八岁的时候，我实在找不到其他小演员，需要他勇敢承担演出，Toby在从来没有表演训练的情况下出乎意料地圆满完成了发布会情景剧的演出。九岁时的Toby最喜欢提醒我做面膜，他还对我说："妈妈如果死了就剩我一个人，所以妈妈一定要保养好，长命百岁，多陪陪我！"这深深地触动了我的心。十岁时的Toby被迫转校，每周在家只有一天的时间，每次我送他到校门口时，总能看到他那委屈的眼神和坚毅的背影。十一岁的时候，Toby学会下厨做早餐，面条和三明治也能让我吃出最美的味道。十二岁的Toby更加有男子汉的担当，修理窗帘、更换灯泡他都拿着梯子一人搞定，还坚定地对我说："妈妈，以后这些重活儿就交给我了！"

　　如今大家看到Toby长成一个懂事体贴、阳光活泼的好少年，都说我很有福气，非常羡慕。也有很多朋友虚心地向我请教教育孩子的方法。我会热情客观地表达自己的观点，也会推荐一些自己认为不错的亲子教育类书籍给大家阅读。然而有些人看完我推荐的书，会跟我说："这本书没什么用啊！看完了也不知道该如何做，我们家孩子的情况书上也没有案例啊！"也有些人对于我说出的教育方法表示质疑，还没有尝试过就会说："你不知道，我家孩子不适合这样对待。"我心里很纳闷，谁能写出一本书就解决所有孩子的问题呢？每一本书里面只要有一点精华的内容，能给予我们教育孩子一点点启发，我觉得就已经是一本好书了，关键在于我们看完书以后自己是否领悟更多。想要孩子快速改变，而家长自己却不愿意改变，那么再好的方法都无法真正落实，没有营造出适合孩子成长的环境，又如何期待孩子成为优秀的

人呢？谁都希望获得幸福和快乐的结局，然而这样的结局是需要经过刻苦用心经营的过程，一分努力一分收获的道理谁都懂，"天生我材必有用"那只是在赌运气。Toby未来的道路还很长，我和他永远都是成长道路上的伙伴，就算将来我不在他的身边，我的爱和祝福也将伴随他甜蜜成长，幸福快乐地过一生。

十多年来，我带着Toby在广州拼搏，虽然我们的亲人都远在家乡，但是在这个第二故乡——广州，也有着很多关心我们、爱护我们的好朋友，在Toby的心里，他们也已经都是我们最亲的亲人了。

2014年的中秋节，天气晴朗，我和Toby在家里吃完晚餐后，一起牵着两只小狗出去散步。走到小区花园后面的小山坡上，看见八月十五那圆圆的月亮高高地挂在天空，我开心地对Toby说："团圆的夜晚，我们一家四口在明月下团聚，多浪漫啊！"Toby却说："妈妈，我们一家何止四口啊？"我回答说："我说的没有算上在老家的人，只是说我们在广州的家人。"他却很认真地说："在广州也有很多家人啊！"我疑惑地看着他，他接着说道："郭妈妈、苏格、大干妈、小干妈、小美、阿璧姐姐、小智哥哥、阿乐哥哥、小沈、老沈、小夏妈……"他就这样认真地数着，好像我们在广州所有认识的好朋友都是家人那样，这是多么的温暖有爱的画面啊！每一个对Toby友好的人，他都深深记着，并且把大家都当作了最亲的亲人，只有拥有满满的爱和幸福的孩子才会拥有这样一颗纯真可爱的心，相信将来他一定会收获很多珍贵的友谊。

Toby的童年时光过得非常轻松快乐，我承诺给予他甜蜜快乐的童年应该算是努力做到了。在他十二年的时光里，我没有强迫过他做任何事情，没有让分数去主导他对知识的学习，更没有暴躁地打骂过他。我用最大的耐心和爱心、尊重和信任，以及最温暖的支持和包容伴随他成长。Toby十二岁生日那天告诉我，他享受到了最快乐的童年，自己感觉是这个世上最幸福的孩子。

还有什么比孩子的肯定更让我自豪的呢？

　　现在，Toby告别了童年时光，自信满满地进入了少年时代。虽然他自上学以来从没有考过满分，更没有获得过第一名；虽然他偶尔会很顽皮，也会因贪玩有时不想写作业，但他拿回的奖状都是让我为他而骄傲和自豪的，德育之星、环保之星、友爱之星等奖项，这一切都代表着Toby具有优秀的素质。Toby用他的礼貌友善赢得了亲人、朋友、长辈、孩子们的喜爱，他的成长在爱的良性循环中更加温暖有力量。

　　当然，我和Toby也是非常幸运的，因为我们身边有很多关爱我们的亲人和朋友，大家生活中随时随地的关爱，使得我们在充满爱的环境里成长，这样的环境当然能够孕育出阳光、有爱、善良、懂得感恩的我们，让我们的生活过得快乐无比、幸福无比！

　　虽然现实社会中总是存在很多丑恶现象，并且在未来的道路上也可能难以避免。但是，只要我们相信这个世界始终充满着爱和温暖，我们也愿意用爱和宽容对待身边的人和事，那么，丑恶的事情会逐渐远离我们。所以，无论遇见什么样的事情、什么样的人，我们的善良、我们拥有的健康的心态和良好的人格，必然会给我们带来好运。无论遇到什么样的挫折和挑战，坚持我们的信念，我们拥有勤劳的双手和智慧的头脑，必然会让我们创造出美好的未来！

"我愿变成，童话里…月"

月深情…

"妈妈，为什么歌词说童话里都是骗人的了"

"没关系啊！你继续唱下去，最后一句歌词是什么了"

"幸福和快乐
    是结局…"

194

春天，妈妈要和宝宝一起走
走到心中的花园
种下缤纷的花朵

夏天，妈妈要和宝宝一起游
游到知识的海洋
自由快乐地成长

秋天，妈妈要和宝宝一起跑
跑到金黄的麦田
收获幸福和甜蜜

冬天，妈妈要和宝宝一起飞
飞向那奇幻的天空
用爱说谢谢
拥抱美好世界

"朋友语录"

胡 灵 资深媒体人

时间，既微妙又严厉。回想起第一次见雁姐，应该是2008年，因为某个与亚运会有关的项目有幸结交。当时只是简单地认为眼前这位不过是众多优秀职场女性中的一员而已，直到她带着5岁的Toby在活动现场忙碌才特别关注到。如果要用一个词来形容带着孩子上班的女人，是"坚强"还是"责任"呢？在这对母子身上恐怕不仅仅如此，更多的应该是快乐。我们看到的是一位忙碌而自信的妈妈，一位有趣而温暖的儿子，羡煞我们这群还没成家的"小年轻们"。这本书里充满了许多许多的温暖和爱，读完感觉心里会变得很甜很甜。

贾莉莉 心理咨询专家

心理学家把人的智力分为智商和情商，认为高智商并不一定带来成功，而情商往往会影响人的一生。社会进步不仅需要高智商人才，更需要高情商人才。但是目前学校和家长普遍存在偏重学生基础知识教育和专业知识教育，却往往忽视了情感智力和人格的发展与完善。而我的这个朋友确实是我接触过众多家长中与众不同的一个，她打破了传统的教育模式，让孩子在接受文化知识的同时，不断培养孩子的情商，她注重和孩子在一起的每一个细节，注重与孩子的每一次相处，注重给孩子每一刻的陪伴。在她的悉心照顾和陪伴下，我们发现孩子已经逐渐长成了一个具有团队精神、心理素质好、社会适应能力强、并且有责任感的少年。

作为一名专业的心理咨询师，我觉得《甜蜜成长》这本书值得大家阅读，相信这会是您如何培养孩子情商的有益借鉴！

林景新　大学教授、公关传播专家

　　作为一个作者，我写过几本不好看的书。以前，我总觉得书好不好看，跟作者的文笔有很大关系。当阅读多了以后，我却觉得书好不好看更与作者对生活感受的细腻程度有关——感情越细腻的人，写的东西越有见微知著的能力。有些人，只要看到一缕阳光就能想象出整个美好的春天，这种细腻的感受能力与生俱来，杨雁就是这样的人。她有一种独特的情绪感受力，一切需要情感细腻的事物她都能把握到位，并完整地还原，比如教育孩子。作为一个母亲，在教育孩子的这些年里，她已经形成自己独特的理解与强烈的感受。所以对于她而言，这部书的主要描述方式或许不是笔写出来，而是像瀑布一样，感受在心里面酝酿已久，终于蓄水到位自然而泻。期待杨雁这股情感的瀑布给读者带来清新的感受。

廖永梅　影视发行人

　　为写感言打开邮箱，却一发不可收，一口气看完发来的全部文章，不做作、不拿腔拿调，字里行间宛如流淌着一股清冽的山泉……在这物欲横流的社会横空出世，好姐妹雁子的育儿方式是持之以恒"坚持快乐原则"，陪伴Toby健康成长的点滴历程，让我有了想再一次做妈妈的冲动！你可以十二年来不急不躁，每个周末都坚持陪伴在孩子身旁吗？说时轻松坚持不易，而我见证了这一刻！祝愿这本书成为有史以来给妈妈们最"善诱"的完美手册！

刘 飒 电视节目监制

杨雁是一个与众不同的女人，一个与众不同的妈妈，是一个典型的白羊女，勇敢热情，敢作敢为，娇小的身躯里能量无限；一个可以和孩子疯玩得没大没小的"红色妈妈"！

在你和你的小Toby十二年里，所有的辛劳都被你这个乐天派的妈妈变成了欢乐时光。有人说世上最没用的教育就是"讲道理、发脾气、刻意感动"，而追求梦想、热爱学习、充满好奇心的你无时无刻不在用言传身教为小Toby做着榜样。一个女人艰苦创业，为事业打拼，把自己活得热气腾腾、漂漂亮亮的，就是给孩子最好的教育，让他在你的身上学到乐观和坚持。关于陪伴，记得你说经常带着他加班，开创意会，做公关活动，这难道不是很好的示范吗？一个关于敬业、创新的示范。

有人说"爱是一场渐行渐远的告别"，孩子是一个独立的个体，他只是依靠我们来到这个世上，而他也将会离我们而去，尽管如此我们的甜蜜记忆会陪伴我们一生，愿你和小Toby的《甜蜜成长》成为你们的幸福密码，陪伴你们一生！

罗娟娟 企业高管

关注杨雁的日常，你会发现除了繁忙的工作，努力的打拼，还有那满满的爱：她为刚出生的Toby写歌《宝贝不哭》；她烧得一手好菜，被孩子誉为世界上最美味的食物；她是儿子心目中几乎没有什么缺点的完美妈妈……她用平常而细腻的笔触记录了与Toby的点点滴滴，处处洋溢着爱，洋溢着浓浓的母子情感。她说陪伴不仅仅是在一起，而是要有爱的沟通，这让我想起一段话——"教育若没有情感，没有爱，如同池塘没有水一样"。爱是一场没有尽头的旅行，愿坚韧努力的妈妈和阳光灿烂的孩子一路将爱的情感延续。

隋晓峰 作曲家、音乐制作人

　　我不想生孩子，或者说我还没想好要孩子，这句话写在杨雁新书祝福语里，好像不太妥当。目前，在我的思维里，孩子只是一种负担，因为我有太多的梦想要去实现，太多的事情还未完成，感觉要把自己这辈子过好活明白都很难，更不用说有了孩子以后的生活了。

　　在我眼里，父母对孩子只有付出，没有回报，父母的爱，是世界上最无私的爱。母亲，无须太多的语言文字去描述，在母爱面前，一切都显得那么苍白。

　　我和杨雁认识有年头了，看着她独自一人陪伴着Toby成长，把儿子培养得如此出色懂事，很不容易。我想，她是因为有了Toby，才做了许多与孩子有关的事业吧，这就是她和Toby共同为世人创造的美好，我祝福他们！

吕　兵 市场营销专家

　　据说儿子是妈妈前世的情人，那么我知道了，杨雁前世的爱人一定是一个健康、阳光、善良、多才多艺、温柔体贴的帅哥。也许是杨雁前世过得太轻松和幸福了，所以今生她需要更辛苦和更努力，但也因此她过得特别充实。

　　养育孩子的方法有很多种，市场上也充斥着形形色色多如牛毛的育儿读物，然而这本书却让我感触更深。长长的十二年里，杨雁选择了快乐陪伴的方法，只要跟儿子在一起，她总是专心致志地陪伴Toby一起阅读、游戏、看电影电视，一起讨论，一起思考，也一起成长。儿子十二岁生日那天对杨雁说："感谢妈妈，让我拥有了世界上最快乐的童年！"看到这里，妈妈们无不动容。作为朋友，我为她感动，为她骄傲，也祝福他们母子一直快乐下去！

吴　钰　资深互联网专家

　　我是一个爸爸新兵，上天意外地赐予了我一对双胞胎儿子，瞬间改变了我以及一个大家庭的生活轨迹。全家总动员式地照料两个小宝贝健康成长时，最大的挑战就是孩子的教育问题。在家里，太太对我说得最多的一句话就是："你不可以这样，家里有孩子。"孩子变成了我的约束，更变成了我的老师，他们每天都在出题，常令我窘迫不已。

　　杨雁是我的好朋友，相识多年，她教育孩子的成就让众人叹服，当她和我说要把多年心得总结成书，我甚为激动。她并不以专家自居，而是将自己陪伴孩子一路成长的点滴与朋友分享，我相信这些美好的点滴都是种在孩子记忆里最甜蜜的种子。孩子的未来究竟是怎么样的，谁也不知道，但这些甜蜜的种子一定会生根发芽，成为孩子幸福的根源。

　　"想要的未来是什么？还是交给孩子自己去创造他的美好未来吧！"杨雁的一句总结，也正是我的心声。

杨晓东　互联网营销专家

　　必须承认，我赤裸裸地妒忌杨雁——一个年轻母亲，准确地说是一个年轻的单身母亲，不但自己活得风生水起，还让儿子觉得这个世界如此丰盛圆满；如果一定要给她冠以一个头衔，我想最合适的莫过于"快乐妈妈"了。每次和她见面，总是能聊到Toby——那个陪伴她成长的、有思想的"男子汉"。相互的陪伴，让生活变得温暖，成为彼此最好的伙伴。在《甜蜜成长》这本书中，我们感受到了Toby成长的点点滴滴，也追寻到了这位"快乐妈妈"的成长轨迹。

张楚敏　影视制片人

我一直很佩服杨雁当妈妈当得这么游刃有余，这么幸福快乐。

按说Toby的生活条件这么好，妈妈又那么优秀，应该是"骄""娇"二气非常重的人，但他却没有，在妈妈的陪伴和引导下，成长为一个体贴、懂事、友善、开朗的小男子汉，看到他每个周末回家帮妈妈做家务，关心妈妈，陪伴妈妈，真是让我羡慕……

每一个妈妈都希望孩子有一个快乐的童年，幸福的人生，杨雁的这本亲子书，会给我们很多的启发……

张鸿梅　大学教授

杨雁是个标准的美女，大眼睛、黑眼眸，长发飘飘，气质过人；也是个才女，策划、创意、导演，十八般武艺样样皆通；杨雁更是个侠女，每年亲自驾车到我们偏远的学校义务讲座。她是个坚强、独立、幽默、自信、脚踏实地的乐天派！虽然我们相识短暂，但是一见如故，如沐春风。看到杨雁便看到了Toby，一个有思想、有爱心、有创意的独立少年，这都是她潜移默化影响出来的！就是这么简单的道理：我们告诉孩子做一个什么样的人，不如我们塑造一个最好的榜样。不信整本书细细读来，可知这不是谬赞。

203

郑 童 地产营销专家

　　与杨雁是因工作而相识，却因生活境遇接近而成为知音。当听说她要将十二年陪伴儿子成长的点滴写成一本温馨甜蜜的书时，我打心底里为她喝彩。作为妈妈我们都希望用独立坚强的人格、做好的榜样来教育孩子，期望他们都能成为优秀的人。这点我们都在努力做，但杨雁比我们做得更成功、更优秀。记得三年前，我女儿小升初那年，作为干妈的她亲笔写下了三页纸的家书寄给女儿，字里行间都渗透着她对女儿的爱护和期盼，通过信里每一个细微的引导帮助孩子平安度过那所谓的叛逆期，我们都非常感动。所以我想说："认识你真好！"你的热情和善良，让我们每次相聚的时光都是那么快乐。而现在你为儿子付出的一切更是我们为母亲的榜样。向你学习，和你一样好好地爱自己孩子，陪伴他们一起甜蜜成长！

张 洁 旅行摄影师

　　有人说，真爱就是用时间和精力堆砌而成的陪伴。夫妻间的爱情，相濡以沫；父母与子女间的亲情，血浓于水。同样是甜蜜，同样是成长，同样需要责任，同样需要真心，同样需要沟通，同样需要珍惜……同样是一份情，一份缘，始于今生，止于今生。

　　不谈来生，不羡旁人，实干型妈妈与高情商儿子的生活点滴，因为有爱，彼此贴心，乐观开朗，正能量满满。有人说知己难求，我说，能成为彼此心目中最棒的亲人，可遇而不可求。

　　有一种幸福，无关风月：恰在这辈子，妈妈陪着你甜蜜成长！

——感谢一直以来所有关爱我们的朋友——

让你幸福

　　Toby从"中国好歌曲"学会了一首歌曲，羽田作词作曲的《让你幸福》，然后他自己稍稍修改了歌词，把原来歌词里的爸爸全部改成了妈妈。2015年5月10日母亲节这天，他请假周日晚上不回学校，陪我一起过节，晚餐时Toby深情地为我唱了一遍他改编的《让你幸福》，当时的我感觉就是全天下最幸福的妈妈！

　　歌词是这样的：

在你的眉间，有一条皱纹，
那是你用来告诉我，有气在让你生；
曾在你怀里，躺了一整夜，
醒来后问我自己，什么时候你能歇一歇？
你不用担心，妈妈，叶子总有掉落的时候，
你辛苦努力了这么多年，肩膀总有酸痛的时候；
每一天你的贡献，我的爱在心里沉淀，
一个人去承受挫折和痛苦，生怕我不够幸福。

自从我学会了叫你妈妈的时候，
我已经幸福……

我下定决心，
也要让你幸福！

Jeg

Seni

elsker dig

seviyorum

Szeretlek 愛 Kocham Cie

사랑해~ Я Вас Люблю

Love

Je t'aime

あいしてる

Te quiero 愛 Ti amo

Ich liebe Dich

Mahal

kita

「愛」是全世界最美的语言！

关注"蜜田成长"官方微信，一起快乐成长！

（更多教育资讯分享，更多礼品互动欢抢）